트럼프 2.0 시대

미국 ETF에
투자하라

트럼프 2.0시대

신년기 지음

미국ETF
투자하라

지음미디어

"트럼프에 대한 편견을 버리자"

2024년 11월 6일, 트럼프가 미국 제47대 대통령으로 당선되었다. 사실 4건의 형사사건 피고인으로, 성 추문 스캔들 관련 사건은 이미 유죄평결을 받은 상황에서 그가 4년 만에 백악관에 컴백할 것이라는 예상은 적어도 2024년 6월 바이든 전 대통령과 TV 토론을 하기 전만 해도 상상하기 어려운 일이었다. 그는 대중 앞에서 바이든 정부의 '실정'을 내세우며 자신이 왜 다시 대통령으로 선출되어야 하는지를 '떳떳하게' 밝혔다. 그가 미국의 제45대 대통령으로 주로 내세웠던 공약인 정책들을 대부분 들고 나오면서 말이다.

트럼프는 민주당의 정책을 '재앙'에 가깝다며 이들의 주요 정책들을 다 쓰레기통에 처넣겠다고 말한다. 하지만 민주당의 정책(대중국 견제, 재정 정책, 저금리 선호 정책 등)을 보면 트럼프가 주장한 감세, 재정 지출, 인프라 확대 등의 정책과 완전히 다른가 하는 의문이 든다. 방법의 차이가 있을지 몰라도, 필자를 포함한 금융 상품에 관심 있는 이들은 금융시장에 미치는 영향은 크게 다르지 않다고 본다.

2016년 11월, 미국 제45대 대통령 개표 전만 해도 트럼프가 대통령에 당선될 거라는 예상은 별로 없었다. 설사 여론조사 결과가 비슷하더라도 전직 퍼스트레이디로서, 전직 국무장관이자 상원의원을 지낸 힐러리 클린턴의 승리를 누구도 의심하지 않았다. 그런데 그해 11월 9일 오전(한국 시각) 격전지였던 플로리다주에서 트럼프가 승리하자, 불확실성의 아이콘인 그가 정권을 잡을 경우 일어날 수 있는 온갖 나쁜 상황을 상상하며 안전자산 선호 현상이 심해졌다.

그 결과, 오전에 미 국채 금리 및 S&P 500 선물 가격이 급락했다. 그런데 당일 오후 3시경 트럼프의 승리가 확정되고 대통령 승리 선언을 했을 때, 그는 파격적인 감세뿐만 아니라 낙후된 미국의 인프라를 재건하기 위해 1조 5,000억 달러 규모의 재정 지출을 실행하겠다고 밝혔다. 그러자 금세 금리와 주가는 급등했다. 그리고 실제 트럼프 1.0 시기에 그는 감세, 인프라 투자 등의 공약을 상당 부분 이행했다.

트럼프가 여러 이성을 만나면서 성적 윤리가 없고, 자기 자신이 최고라는 나르시시즘의 극치를 보이는 위인이라는 점은 적어도 이 책에서 서술하는 바와는 관계가 없다. 적어도 그는 평생 술과 담배를 멀리하며 국정에 올인하는 워커홀릭이며, '불확실성'을 무기로 1기 때 실행했던 정책과 대선 공약을 '확실하게' 이행하겠다는 자세라고 이해하는 것이 투자자로서 금융시장 환경을 올바르게 바라보는 길이라고 생각한다.

　본인조차 대통령으로 당선되리라고 생각하지 못했던 2016년과 달리, 이번 2024년 대선을 맞이하여 그는 헤리티지 재단 중심으로 '프로젝트Project 2025'라는 정책 보고서 및 그의 대선 공약집인 '어젠다Agenda 47'에서 어떤 목표를 설정하고, 어떻게 실행하겠다는 계획을 담는 등 '준비된 대통령'의 모습을 보이고 있다. 전문가들은 일부 공약들이 모순(예를 들어 '관세와 감세가 물가를 자극하고 국채 발행을 늘려 기준금리를 올려야 하는 환경을 만드는 데 어떻게 저금리를 유지할 수 있겠는가?'라는 의구심)이라고 지적하지만, 트럼프 입장에서는 전술을 고치면 그가 원하는 전략 목표는 달성할 것이라는 단순한 접근 방식으로 정책을 펼쳐 나갈 것이다.

　트럼프는 대선 공약을 확실하게 이행하기 위해서 실행할 참모들을 모두 자기 사람이나 자신의 철학을 100% 이행할 수 있는 인사들로 채웠다(며느리를 그리스 대사로 임명했다). 1기 정부 당시 자신의 공약을 100% 이행하지 못한 이유로 그는 백악관 및 내각에 자신의 사람이 없었기 때문이라고 생각한다. 따라서 트럼프 2기는 어찌 보면 가장 높은 확률로 공약을 이행할 수 있는 환경이다. 그가 더 이상 불확실성의 아이콘이라는 편견을 버리자.

PART 1
'미국 우선주의', 트럼프 1.0 시기의 경제·통화 정책

PART 2
트럼프 2.0 시대의 개막

PART 3
트럼프 2.0 시기, 주요 유망 ETF 상품

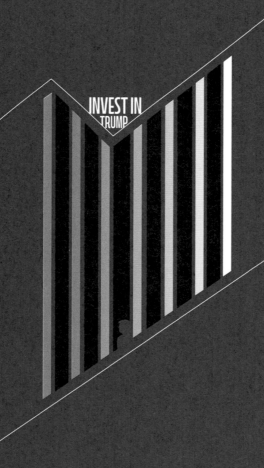

PART

'미국 우선주의', 트럼프 1.0 시기의 경제·통화 정책

한국 시각으로 2016년 11월 9일 오후, 모두가 민주당 힐러리 클린턴 대통령 후보가 당선될 것이라는 예상을 뒤엎고 정치 초보인 도널드 트럼프가 제45대 미국 대통령으로 당선되었다. 그의 당선 가능성 자체를 낮게 보았기에 그가 공약으로 내세운 오바마케어 폐지, 불법 이민자 단속을 위한 멕시코 장벽 설치, 대중국 무역 보복 등 '미국 우선주의'에 입각한, 당시로서는 뜬금없는 내용들을 대부분의 경제전문가는 향후 경제 전망에 반영조차 하지 않았다.

트럼프 1.0 시기 동안 기존 미국 중심의 다자주의라는 외교 정책 및 자유무역의 틀을 완전히 바꾸려는 트럼프 정부와 이에 대항하는 미국의 기존 기득권 세력, 그리고 EU와 캐나다, 멕시코 등 우방 세력 간의 끊임없는 마찰이 지속되었다. 한편 그는 끊임없이 주가 흐름을 주목했으며 주가 상승에 방해가 되는 미 연방준비위원회(이하 '연준')의 기준금리 정책에 반대했다. 또한 기존 공화당의 레거시 정책인 감세를 지지했으나, 결과적으로 세수 부족에 따른 재정 적자가 심화했다.

PART 1에서는 트럼프 1.0 시대의 경제 정책 및 통화 정책을 돌아보고, 트럼프 2.0 시대를 맞이하여 트럼프 1.0 시대로부터 계승할 정책과 대내외 환경 차이 등을 살펴보기 위함이다. 참고로 트럼프 1기 마지막 해인 2020년은 여기서 다루지 않는다. 왜냐하면 2020년 코로나 팬데믹으로 인해 당파를 초월한 전례 없는 재정 지출 확대와 완화적인 통화 정책 실행은 트럼프 정부가 아니더라도 누구나 시행할 수 있다는 점에서 트럼프 2.0 시대를 예측하기 위한 과거 사례로는 적합하지 않다는 것이 필자의 생각이다.

용두사미가 된 경제 정책

관세 중심의 보호무역

트럼프는 미국의 경제가 침체되고 미국인에게 돌아가야 할 일자리가 사라진 것은 중국의 값싼 물건과 노동력 때문이라고 했다. 그리고 중국이 미국의 지적재산권을 불법으로 탈취하여 자국 산업에 이용하고 있다고 간주했다. 이에 미국은 2018년부터 코로나 시기 전까지 대중 수입품에 대해 최저 10%에서 최대 25%까지의 관세를 부과하고, 중국도 미국산 수입품에 대해 맞불 관세 및 자국 위안화 평가절하를 통해 자국의 수출 가격 경쟁력을 제고하는 노력 등 보호무역으로 회귀하는 모습을 보였다.

관세 정책은 [그림 1-1]과 같이 부과 금액만큼 수입품 가격이 올라가게 되는 역효과를 가져오므로, 미국 내 물가 상승 및 소비 감소에 따른 미국의 실질 경제 성장률 감소라는 단점이 있다.

[그림 1-1] 관세 부과에 따른 소비자 잉여 변화

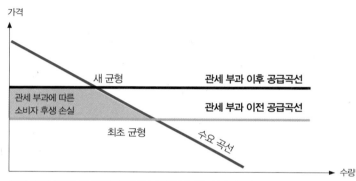

가격

새 균형
관세 부과 이후 공급곡선

관세 부과에 따른
소비자 후생 손실
관세 부과 이전 공급곡선

최초 균형
수요 곡선

수량

(출처) 강현주, '트럼프 1기 행정부의 교훈 및 2기 행정부에 관한 시사점, 자본시장포커스 2024-24호, 2024. 12. 2

트럼프는 다자주의에 입각한 자유무역주의에 대한 불신감이 매우 강했다. 그는 WTO(세계무역기구)로 대표하는 자유무역으로 인해 중국과 멕시코 같은 개발도상국의 제조업을 성장시키는 반면, 미국의 제조업을 망가뜨리고 값싼 노동력이 미국으로 유입해 와 자국민의 일자리를 침해한다고 믿고 있었다. 그 예로 그는 1994년 미국, 캐나다, 멕시코 간 체결된 자유무역협정인 NAFTA의 전면 개정을 요구했다. 그의 논리는 다음과 같다.

멕시코의 값싼 수입품 및 임금이 미국의 일자리를 빼앗고 있고, 캐나다는 별다른 투자 없이 미국 경제에 무임승차 하는 모습을 보이고 있다는 것이다. 결국 캐나다와 멕시코가 중국과의 자유무역 협정을 금지하는 조항, 불법 이민자들의 유입 방지 노력 등 미국의 의중이 담긴 개정 협정인 USMCA US-MEXICO-CANADA Agreement를 체결했다(2020년 1월). 값싼 임금의 원인을 자유무역주의 이외에 불법 이민자의 유입으로 간주한 그는 2016년 대선 공약대로 멕시코 국경에 약 455마일(732km)에 걸친 소위 '트럼프 장벽'을 설치했다. 그리고 오바마 행정부가 주도적으로 만든 환태평양경제동반자협정, 즉 TPP Trans-Pacific Partnership에서 탈퇴했다.[1]

이와 같이 트럼프 1.0 시대 대외 경제 정책은 관세를 무기로 한 보호무역주의였다. [표 1-1]은 트럼프 1기 정부 당시 주요 관세 정책을 요약한 것이다.

[표 1 - 1] 트럼프 1.0 주요 보호무역정책

시기	내용	대상 국가
2018. 1	태양광 패널, 세탁기에 30~50% 관세부과	
2018. 1	철강 25%, 알루미늄 10% 관세 부과	중국, 한국 등 주요 수출국
2018. 5	대중국 수입품 818개 품목 25% 관세 부과	중국
2018. 6	철강 25%, 알루미늄 10% 관세 부과	EU, 캐나다, 멕시코
2019. 5	화웨이와 미국 기업, 정부기관 간 거래 금지	중국
2019. 12	환율조작국 지정에 따라 알루미늄 관세 부과	아르헨티나, 브라질

1 "Presidential Memorandum Regarding Withdrawal of the United States from the Trans-Pacific Partnership Negotiations and Agreement", 2017. 1. 23

대중 영합주의 관세 정책

트럼프는 기업가 출신이다. 1970~1980년대 뉴욕시를 거점으로 활발하게 부동산 개발사업을 한 트럼프가 뉴욕시 측과 협상할 때 항상 내세웠던 개발 조건은 일정 기간의 세제 혜택이었다. 예를 들면 1976년 코모도어 호텔 개발사업에 참여하는 조건으로 그는 뉴욕시에 40년간 세금 면제 혜택을 요구한 사례다. 감세는 공화당과 민주당이 첨예하게 대립하는 대표적인 정책인데, 당의 정강 정책과 연결이 되어 있기 때문이다. 공화당은 작은 정부를 지향하며 정부가 개입을 최소화하는 대신, 민간 경제주체가 낮은 규제 장벽하에서 경제활동을 활발히 할 수 있도록 동기부여를 해야 한다고 주장한다. 반면 민주당은 적극적으로 정부가 민간경제에 개입해야 하며, 그 과정에서 재정 지출을 늘리는 큰 정부를 지향한다.

감세가 공화당의 주류 정책으로 자리 잡은 것은 1980년대 레이건 대통령 시절 영향을 미쳤던 아서 래퍼 전 시카고대학 교수(2019년 트럼프 대통령은 그에게 레이건 정부 시절 감세 정책에 기여한 공로로 우리나라의 무궁화 대훈장 격인 '자유의 메달the Presidential Medal of Freedom'을 수여했다)와 같은 논리였다(그림 1-2 참조). 세율을 높이면 세수가 증가하지만, 적정세율을 넘어서면 오히려 세수가 감소한다는 이론이다. 이것은 경제주체가 높은 세율을 견디지 못하여 경제활동이 둔화된다는 점이 핵심이다. 세율은 적정 수준으로 떨어뜨리면 오히려 정

[그림 1-2] 래퍼 곡선과 조세 수입

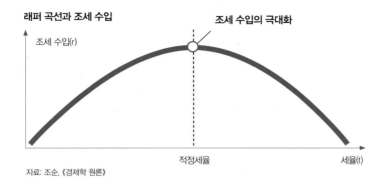

래퍼 곡선과 조세 수입　　　　　　　　조세 수입의 극대화

조세 수입(r)

적정세율　　　　세율(t)

자료: 조순, 《경제학 원론》

부의 세수가 늘어나서 건전 재정이 가능하면서도 민간 경제주체에 활력을 줄 수 있다는 것이다.

　트럼프가 2017년에 감세를 시행할 당시, 공화당이 상·하원 모두 과반수 이상을 차지하고 있었기 때문에 이를 통과시키는 것은 어렵지 않았다. 2017년 감세 법안인 'TCJA^Tax Cuts and Jobs Act(감세 및 고용법)'를 통해 법인세율을 35%에서 21%로 대폭 낮췄다. 여기에는 앞에서 언급했던 미국 기업의 생산기지를 해외에서 미국으로 돌아오게 하는 리쇼어링^Reshoring 정책도 포함된다. 즉 본사를 미국으로 다시 옮기는 기업에 대해 세제 혜택을 주어 미국 제조업 재건 및 일자리 창출에 기여하려는 트럼프의 보호무역주의 정책과 연결된다.

　세금 감면은 분명 단기적으로 금융시장에 긍정적인 영향을 미쳤으며, 기업의 비용 부담을 덜어 수익 향상 및 일자리 창출에 기여했

[그림 1-3] S&P 500 추이(2017. 1~ 2018. 12)

(출처) 세인트루이스 연은

[그림 1-4] 연방정부 재정 적자 추이(2013~2019)

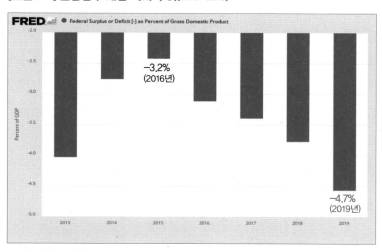

(출처) 세인트루이스 연은

다. 그러나 세수 감소는 재정 지출과 함께 분명 연방정부 재정에 악영향을 미쳤으며, 이는 2018년 기준금리 인상 사이클, 대(對)중 무역전쟁 여파와 함께 그 효과가 금방 소멸되었다(그림 1-3, 1-4 참조).

탈친환경 정책, 그리고 인프라 투자

IMF 직후 국내 TV 광고에서 한 배우가 '모두가 예라고 말할 때 난 아니오'라고 말하는 장면이 있다. 트럼프가 그런 부류의 사람이다. 그는 세계화라는 국제적인 대세를 정면으로 반박했고, 직전 8년간 오바마 행정부가 어렵게 쌓아 올린 여러 정책을 단숨에 백지화시켜 버렸다. 이를 대표하는 정책이 탈환경 정책이다.

탈환경 정책은 크게 두 가지로 나눌 수 있는데, 국제협약에서의 탈퇴 및 인프라, 에너지 시설에 대한 적극적인 지원이다. 트럼프는 대선 공약으로 1조 5,000억 달러 규모의 인프라 지출 및 파리 기후협약 탈퇴를 내세웠다. 당시 미국은 오랜 기간 제조업 기반이 쇠퇴하고, 철도 등 인프라 시설이 매우 낙후된 상황이었다. 또한 2014년 이후 원유 가격 급락에 따른 셰일가스 업체들의 파산이 이어지면서 일자리는 물론이고, 미국 산업 기반이 흔들리는 위기였다.

이런 환경에서 급격한 친환경 정책으로 전환은 미국 입장에서는 엄청난 비용을 지불해야 할 처지였다. 국제 협약은 사실상 국내

법과 동일하다는 점에서 탈퇴를 선언한다는 것이 쉽지 않았겠지만, 트럼프가 집권하지 않더라도 차기 리더들도 자국 산업 부흥과 반하다고 한 번쯤은 생각할 수 있는 사항이라고 생각한다.

트럼프는 집권 후 2016년 11월 체결한 파리기후협약에서 탈퇴하고 화석 연료를 비롯한 미국 내 에너지와 자원을 최대한 활용하는 정책을 시행했다. 그 예로 그는 에너지 규제 철폐 및 완화를 골자로 한 행정명령에 서명했다(행정명령 13783호, 2017. 3. 28). 이는 미국의 에너지 생산을 촉진하여 에너지 독립성을 강화하고, 온실가스 배출 제한 등의 환경 규제를 완화하여 '깨끗한 석탄 기술(이런 기술이 가능할지 모르겠다)', 석유, 천연가스 등의 전통적인 에너지 개발을 지원하는 내용을 포함한다. 한편 트럼프는 2018 회계연도에 1조 5,000억 달러 규모의 인프라 투자를 위해 우선 2,000억 달러 규모의 예산 배정을 의회에 요청했다.

트럼프 1기 정책 결과: 용두사미

트럼프 1기 정책은 미국 우선주의를 내세우며 감세와 관세, 그리고 탈환경 정책을 통해 자국민에 일자리를 나눠 주겠다는 공약으로 요약된다. 여기에 다자주의를 포기하고 고립주의 및 국방비 증가가 눈에 띈다. 여기서는 트럼프 1기 당시의 주요 경제 정책에 대해 약술했으나, 외교 관계에 있어서도 기존의 문법을 깨는 일이 다반사였다. 나토 회원국에게 분담금 증액을 요구하면서 이것이 지켜지지 않을 경우 탈퇴하겠다고 협박하는 일이라든지, 이란의 핵무기 개발 중단을 위한 이란핵합의(JCPOA·포괄적 공동행동계획)를 파기하면서 이란에 군사적인 위협을 가하겠다고 한다든지 등 예측불허의 행동으로 불확실성만 높였던 시기였다.

트럼프의 정책들은 야당인 민주당뿐만 아니라 여당 내 소위 '어른들의 축(메티스 전 국방장관, 맥매스터 전 국가안보보좌관, 켈리 전 백악관 비서실장 등)'이 막아섰고, 1기 당시 민주당 우위의 연방대법원에서 트럼프의 각종 탈환경 정책, 불법 이민자 추방 등의 다소 과격하고 폭력적인 정책에 위헌 판결을 내리면서 대부분이 실행 단계에 들어가지 못했다. 결국 트럼프 1기 중 지속적으로 시행된 정책은 관세, 감세, 에너지 정책 정도였는데, 이마저도 두 번의 대통령 탄핵 절차, 2020년 코로나 팬데믹 이후 전대미문의 재정 지출 및 완화적인 통화 정책으로 영향력이 줄어들었다.

미국 우선주의, 그리고 대중 영합주의에 기반한 그의 정책은 처음 발표했을 때 금융시장에 상당한 영향을 미쳤다. 하지만 장기적으로는 정책의 부작용, 반대 세력의 저항으로 소기의 결과를 맺지 못한 그야말로 '용두사미'의 4년이었다.

연준을 압박한 통화 정책

기준금리 인상: 2017~2018년

트럼프가 45대 대통령으로 취임한 2017년 초, 연준의장은 민주당
원인 재닛 옐런이었다. 당시 통화 정책은 2008년 금융 위기 이후 약
8년여간 제로금리와 양적완화 등 완화적인 통화 정책을 종료하고
막 금리 인상의 첫 삽을 뜨기 시작한 때였다. 반면 금융시장, 특히
주식시장에 항상 관심을 가지고 있었던 트럼프의 입장에서 '하필 내
가 취임했는데 왜 너희 맘대로 금리를 올려서 좋은 분위기 망치려
고 하는가?'라는 물음표가 달려 있었다.

옐런 의장의 임기 만료인 2017년 말까지 트럼프는 계속 언론을
통해서 옐런의 연임을 놓고 그녀와 밀당했다. 그러나 그녀는 이에
개의치 않고 2017년 기준금리를 3회 인상하면서 트럼프의 심기를

건드렸다. 결국 트럼프는 옐런의 연임 대신 그가 직·간접적으로 연준의 통화 정책에 영향을 미칠 수 있는 인사를 찾게 되었고, 그 '해답'이 제롬 파월 당시 연준이사였다. 제롬 파월은 경제학 박사 출신이 아닌, 변호사이자 투자은행 출신이며 비교적 비둘기파(물가 안정보다 고용에 초점을 맞추어 완화적 통화 정책을 지지하는 경향. 반면 매파는 물가 안정에 초점을 두고 긴축을 선호)에 속하는 온건한 '공화당원'이었다.

그가 연준의장으로 취임한 2018년 초 트럼프는 본격적으로 관세 카드를 내밀며 보호주의 무역 정책을 펼치는데, 기존의 감세 및 관세는 금리를 올리는 기능을 하므로 내심 트럼프는 파월이 기준금리를 유지하거나 제로금리로 돌아가 경제를 끊임없이 자극하기를 바랐다(2018년 초 기준금리 0.75~1.0%). 그러나 그는 2018년 말까지

[그림 1-5] 연준 기준금리 (상한) 추이(2017. 1 ~ 2018. 12)

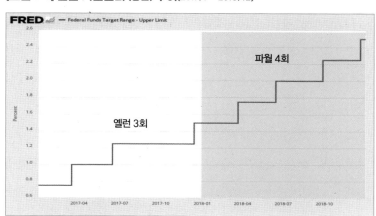

(출처) 세인트루이스 연은

3개월에 1회씩 0.25% 기준금리를 올리고, 양적완화(연준이 달러를 찍어 내면서 국채와 정부보증 모기지 증권MBS을 매입하는 정책)의 반대 개념인 양적 축소Quantitative Tightening를 실시하면서 트럼프 정부와 대립각을 세우게 된다(그림 1-5 참조).

트럼프는 지속적으로 제로금리로 내리라고 연준을 강하게 압박했다. 급기야 1970년대 초 닉슨 대통령이 당시 아서 번스 연준의장에게 금리 인하 압력을 넣으면서 1970년대 '그레이트 인플레이션' 시대를 맞이했던 데자뷔로, 파월 의장의 해임 카드를 언론에 공공연히 흘리고 다녔다. 실제 연준의장을 해임할 수 있는 법적 근거가 부족한 상황[2]이어서 설사 해임하더라도 연방대법원에 의해 위헌 판결을 받을 상황임에도 말이다.

파월 의장을 포함하여 연준은 아랑곳하지 않았다. 오히려 파월은 2018년 9월 기준금리 인상 후, 여전히 실질금리(명목금리[예: 기준금리, 미 국채 10년 금리]에서 인플레이션율을 차감한 금리)가 중립금리(고용 및 인플레이션을 자극하지도 둔화하지도 않은 수준의 금리)보다 훨씬

---

2 트럼프 1기 행정부 시절 파월 의장과 같이, 대통령이 본래 기대했던 충성심과 거리가 먼 인사들이 속출했다. 앞서 언급한 '어른들의 축', 트럼프 1기 초대 국무장관인 렉스 틸러슨, 마지막 국방장관 마크 에스퍼 등이 대표적이다. 이에 2020년 10월 백악관 국내 정책위원회 제임스 셔크 특별보좌관 주도로 '정책에 영향을 미칠 수 있는 공직'을 Schedule F로 재분류하여 쉽게 해고할 수 있도록 규정한 행정명령에 트럼프 대통령이 서명했다. 이듬해 바이든 대통령 취임 직후 3일 만에 이 행정명령을 폐기했다. 트럼프 2기 출범 후 Schedule F 관련 행정명령 부활 가능성이 커지고 있다.

낮다고 말하면서 기준금리를 수 차례 인상할 것임을 시사하였다.[3] 금리가 올라간다는 의미는 기업이 시장에서 차입하는 대가로 지불하는 비용이 증가하게 되고, 투자자들이 빚을 내서 금융시장에 투자하는 활동을 위축시키는 것이 일반적이다. 그러면 시중에 돈이 돌지 않게 되면서 주가는 하락하기 마련이다. 주가 상승을 성공의 바로미터로 생각했던 트럼프의 조바심이 점점 커지면서, 연준에 대한 적개심은 날로 커졌다. 마치 '브루투스, 너마저 나를!'이라는 대사가 생각난다.

기준금리 인하: 2019년

2018년 11월부터 금융시장에 파열음이 들리기 시작했다. 사실 연준이 2017년부터 2018년 말까지 기준금리를 7회 인상하고 유동성을 흡수하는 양적 축소를 시행한 것은 과잉 유동성에 의한 물가 상승에 기인한 것이 아니라, 그야말로 '우리가 2008년 금융 위기 때 엄청나게 풀었던 돈을 일부 회수하고 기준금리도 정상화시켜야 하는 의무가 있어'라는 사명감에 기인했다고 볼 수 있다. 그러나 경제

---

3 Powell says we're 'a long way' from neutral on interest rates, indicating more hikes are coming (https://www.cnbc.com/2018/10/03/powell-says-were-a-long-way-from-neutral-on-interest-rates.html, CNBC, 2018. 10. 3)

주체의 회복 탄력성은 2008년 금융 위기 이전에 비해 훨씬 떨어져 있었다(금융 위기 이전의 투자은행들의 행태를 보려면 아담 맥케이 감독의 영화 〈빅쇼트〉를 보기 바란다. 아이러니하게도 필자는 이 영화를 보고 구조화 채권의 매력에 빠져서 10여 년간 구조화 채권을 운용했다).

주가는 급락하기 시작하고 연준이 계속 기준금리를 인상하고 돈 줄을 쥔다면 제2의 금융 위기가 올 수 있다는 설도 퍼지기 시작했다. 트럼프는 이때부터 공식적으로 파월을 해임할 수 있는 권한이 있는지 법률 검토를 받았다. 2018년 12월, 기준금리를 0.25% 인상한 후 연준의 향후 통화 정책에 대한 변화에 대한 언급이 없자, 주가가 급락하고 기업들의 부도율을 측정하는 신용부도스왑 스프레드 CDS spread가 확대되면서(스프레드란 회사채 수익률에서 해당 만기에 대응하는 국채 금리를 차감한 것을 의미한다. 스프레드가 확대된다는 것은 수익

[그림 1-6] 2018년 하반기 S&P 흐름

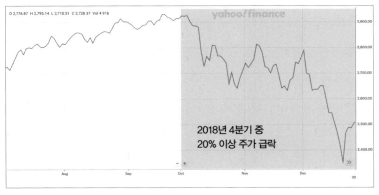

(출처) yahoo! finance

률이 높아지는 것으로 수익률이 높아지면 채권 가격이 하락하는 것이다. 즉 스프레드 확대는 회사의 부도 가능성이 커짐을 의미한다) 금융시장의 위기감은 점차 높아졌다(그림 1-6 참조).

트럼프의 지속되는 해임 압력 때문인지, 기준금리 인상의 부작용에 대해 뒤늦게 깨달은 것인지 그만이 알 일이다. 하지만 파월 의장은 이듬해인 2019년 1월 FOMC 기자회견에서 2019년 중 기준금리 인상 가능성이 작아졌다고 말했다.[4] 이후 시장은 열광하며 언제 그랬냐는 듯 주가는 급등했고, 크레딧 스프레드는 대폭 축소, 채권 금리도 하락하는 모습을 보이면서 2019년은 위험자산이나 안전자산 할 것 없이 모두 행복한 한 해를 보내게 된다.

파월은 2019년 기준금리를 총 3회 인하하는데, 그 이유를 '앞으로 경기둔화 가능성이 있으므로 이를 사전에 차단하는 보험성 금리 인하'임을 강조했다. 세 번의 기준금리 인하에도 불구하고 트럼프는 계속 파월을 겨냥하며 '대중들은 연준의 (점진적이고 느린) 기준금리 인하에 대해 대단히 실망하고 있다'라고 비난했다. 트럼프의 파월에 대한 노여움은 이듬해 2020년 코로나 팬데믹으로 인해 연준이 신속하게 제로금리로 낮추고, 무제한 양적완화 및 회사채 매입 등의 시장 안정 정책을 쏟아내고 나서야 풀리지 않았을까 생각한다.

---

4 CNBC, 'Fed Chair Jerome Powell says the case for raising interest rates 'has weakened", 2019. 1. 30 (https://www.cnbc.com/2019/01/30/fed-chair-jerome-powell-says-the-case-for-raising-interest-rates-has-weakened.html)

[그림 1-7] 2019년 기준금리 추이(2019. 1~12)

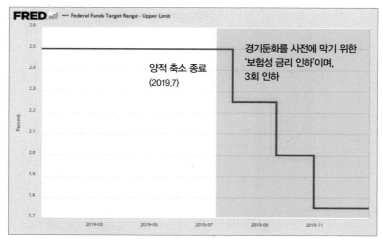

(출처) 세인트루이스 연은

[그림 1-8] 2019년 S&P 500 주가 추이(2019. 1~2019. 12)

(출처) yahoo! finance

하향 국면을 알린 주요 경제 지표

트럼프 대통령이 취임했을 당시, 미국 경제는 금융 위기의 터널에서 어느 정도 벗어나고 있었다. 이는 연준을 중심으로 한 전인미답의 제로금리, 양적완화 등 완화적인 통화 정책과 전임 오바마 행정부의 시티그룹과 메릴린치 등에 대한 구제금융이 적기에 이루어졌기 때문이다. 반면에 2008년 하반기 이후 10년 가까이 완화적인 정책을 유지하면서 경기가 과열될 우려가 있었던 시기이기도 하다.

앞서 살펴봤듯이 트럼프는 취임 당시의 미국과 글로벌 경기 사이클을 염두에 두고 있지 않았다. 그는 지속적으로 완화적인 통화 정책 및 소강상태인 재정 정책을 동시에 실행하기를 원했다. 경제는 노랜딩, 즉 계속 우상향하기만을 기대했다. 파월 의장을 해임하겠다고 공공연히 말하고, 감세 정책과 인프라 투자 등을 추진한 것들이 대표적 예이다. 그럼 미국 백인들의 일자리를 뺏어가고 있는 이민자들에 대한 엄격한 입국 및 시민권 부여 정책, 그리고 관세로 대표하는 보호무역주의를 실시함으로써 일자리를 늘리겠다는 그의 의지가 과연 경제 지표에 영향을 주었는지 살펴보자. 이는 2기 정부 출범 후 유사한 정책을 실행할 것이므로 (그것도 1기 때보다 훨씬 강한 드라이브를 걸 것으로 예상되는 가운데) 2기 정부의 경제 지표를 예상하는 중요한 척도가 될 것이라고 필자는 생각한다.

성장 지표: 실질 GDP 성장률과 ISM PMI

성장 지표를 대표하는 실질 GDP 성장률은 코로나 팬데믹 직전인 2019년 12월까지 대체로 높은 성장률을 보였다. GDP가 후행지표인 것을 감안하면, 트럼프 1기 초기에는 전임 오바마 행정부의 경제 정책과 그의 감세 및 국내 에너지 산업에 대한 규제 완화 등이 혼합되어 우상향하는 모습을 보였다. 그러나 2018년 기준금리 인상 및 관세로 인한 역효과로 하락 추이로 전환되었다. 2019년 연준의 기준금리 인하 및 지속적인 규제 완화, 그리고 하반기 대중 무역전쟁 소강상태 등으로 다시 우상향하는 모습을 보인다.

제조업 및 서비스 기업 구매 종사 임원 대상으로 매월 서베이를 통해서 경기 확장 여부를 판단하는 ISM PMI Purchasing Managers Index를 통

[그림 1-9] 미국 실질 GDP 성장률(전분기 대비 연율, 단위: %)

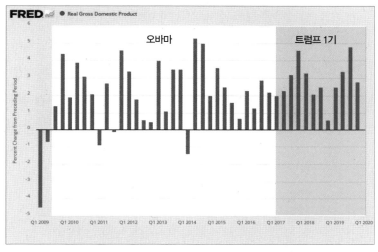

(출처) 세인트루이스 연은

[그림 1-10] ISM 제조업, 서비스업 추이(2013. 1 ~ 2019. 12)

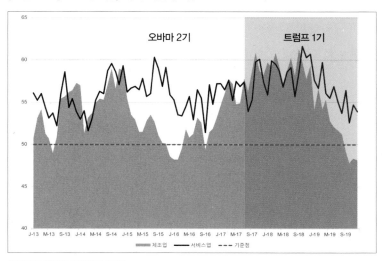

(출처) ISM, 인베스팅닷컴 자료 재편집

해 트럼프 1기의 경기 확장 여부를 판단할 수 있다. 이 서베이는 앞으로 미국 경제가 확장 국면에 있는지 질문하는 정성적인 지표로 50을 기준으로 50 이상이면 확장, 미만이면 경기둔화로 판단한다. 트럼프 1기의 추이를 보면 미국 경제의 30% 비중인 제조업은 2019년 하반기부터 경기 둔화로 접어들었고, 서비스업 역시 2018년 4분기 이후 하향 국면에 접어들었음을 알 수 있다.

고용 지표: NFP와 실업률

[그림 1-11]과 같이 비농업 순고용자 수(이하 'NFP') 누적 추이를 보면, 오바마 2기인 2014년을 정점으로 점차 하락하는 모습을 보인다. 직전 오바마 2기의 첫 3년(2013~2015)과 트럼프 1기(코로나 팬데믹 제외)를 비교하면 오바마 첫 3년 동안 약 800만 명이 신규 고용된 반면, 트럼프 첫 3년 동안은 약 640만 명의 일자리 창출에 그쳤다. 트럼프 입장에서는 '대법원, 너희들이 불법 이민자 유입을 막는 정책이 위헌이라고 판결하고 민주당의 반대로 일자리를 늘리지 못했다'라고 설명할 수 있다. 하지만 앞서 성장 지표 추이를 볼 때 경기 사이클이 확장적인 국면에서 2019년을 기점으로 서서히 둔화하고 있음을 감안할 때, 일자리 신규 창출 정도가 제한되어 있음을 알 수 있다.

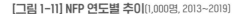

[그림 1-11] NFP 연도별 추이(1,000명, 2013~2019)

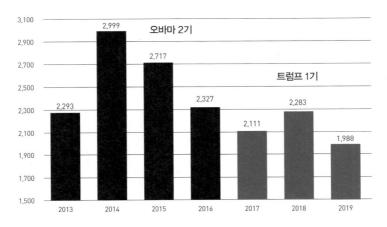

(출처) 세인트루이스 연은

실업률은 지속적으로 감소하는 모습을 보이면서 2019년 말 4%를 하회했다(그림 1-12). 이미 2017년 초 트럼프 집권 1기부터는 완전고용 상태(경기 사이클상 실업이 존재하지 않는 현상)에 접어들었다고 볼 수 있다. 실업률 지표만 살펴볼 때 트럼프가 주장하는 미국인들에게 고용 창출을 하겠다는 의미는 새로운 산업을 부흥시켜 말 그대로 신규 고용을 창출하겠다는 의미가 아니라, 이민자들이 가져간 일자리를 뺏어서 주겠다는 '약탈적 고용 창출'이라고 할 수 있다. 이것은 트럼프 2.0 정부가 들어서는 2025년 1월 현재와 동일하다.

[그림 1-12] 실업률 추이(2013. 1~2019. 12)

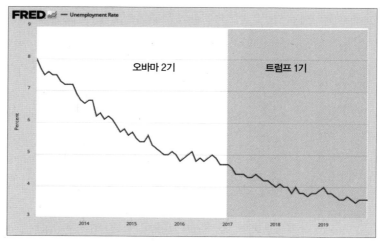

(출처) 세인트루이스 연은

물가 지표: 핵심 소비자물가 상승률

트럼프 1.0 기간에 그는 감세와 관세 두 개의 핵심 정책을 밀어붙였
다. 다른 정책들은 주로 대법원, 의회(2018년 중간선거 이후 민주당이
하원을 장악하면서 그가 원하는 법안들이 줄줄이 멈춰 섰다)에 의해 막혔
지만, 이 두 가지 정책은 예외였다. 사실 이 두 개의 정책은 물가를
자극하는 정책이나 실제 물가 상승에 지대한 영향을 주지 못했다.[5]
이는 물가가 가파르게 오를 신호가 보이기도 전에 연준(옐런 및 파월
의장)이 선제적으로 기준금리를 인상하고 유동성을 조절했기 때문

일 수 있다. 그리고 실물경기로 돈이 쏠리기보다는 감세 등으로 가처분소득이 늘어난 가계에서 주로 금융시장으로 돈이 몰렸기 때문이라고 해석할 수도 있다. 어찌 보면 이 당시 트럼프의 두 가지 세금 정책이 교과서에 나오는 대로 작동하지 않았다는 것일 수 있다. 물가 상승이 제한되었다는 점은 다행스럽지만 돈을 푼 만큼 실물경기에 긍정적인 영향을 주지 못했다고 해석할 수 있는 것이다.

[그림 1-13] Core CPI[6] [핵심 소비자물가상승률, 전년 대비] **추이**(2013~2019)

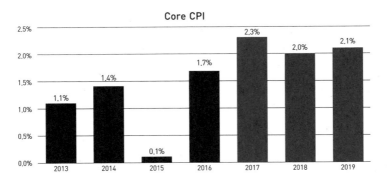

(출처) 미 노동부, 인베스팅닷컴 재편집

---

5 연준을 포함한 주요국 중앙은행의 물가 목표치는 핵심 물가 지표 기준 2%이다. 2008년 금융 위기 이후 막대한 유동성을 시장에 공급했음에도 불구하고 유동성(시중에 풀린 돈)과 물가가 비례한다는 점을 감안했을 때, (많은 연구논문이 발표됨에도 불구하고) 물가 수준이 목표치에 미치지 못했다는 부분이 현재까지도 풀리지 않는 수수께끼다.

6 소비자물가 상승률 중 경기 사이클과 무관하게 변동성이 큰 음식료 및 에너지 가격 요인을 제외한 지표를 의미한다. 그러나 음·식료 및 에너지 가격이 지속적으로 상승할 경우, 다른 물가 요인에도 영향을 미치게 되어 핵심 소비자물가 상승률에 영향을 주게 된다.

정부부채: 악화되는 재정 건전성

이미 오바마 행정부 이래 정부 부채는 증가했다. 여기에 트럼프 1기에 감세로 인한 정부 수입이 감소함과 동시에 인프라 지출 등 재정 지출은 증가함에 따라 정부 부채 수준이 GDP의 100%를 상회했다 (그림 1-14). 일반적으로 재정 적자 3%, 정부 부채비율 60% 이내를 건전한 재정으로 판단하는 기준이라고 할 때, 미국의 재정 건전성은 점점 악화되어 왔다. 이러한 환경 속에서 재정 지출을 계속 늘린다면 국채를 더 많이 발행해야 하고, 이는 금리 상승과 (금리 상승에 따른 할인율 증가로) 기업 가치 하락, 그리고 차입 수요 감소에 따른

[그림 1-14] 미국 정부 부채비율 (GDP 대비) **추이**(2009. 1~2019. 12)

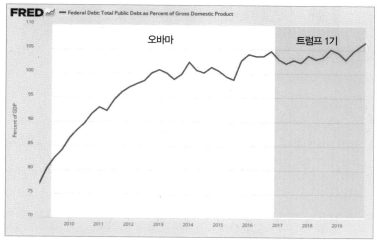

(출처) 세인트루이스 연은

경기둔화를 예상할 수 있다. 단, 트럼프 1기에는 2018년 말에 상승하기 전에 경기둔화 가능성이 보였고, 여기에 2019년 중 보험성 기준금리 인하를 3회 실시하면서 정부 부채에 따른 금리 상승 및 주가 하락 이슈는 없었다.

04

트럼프 정책에 따른
금융 상품별 실적

배경 및 금융 상품별 수익률 현황

트럼프 1.0 정부가 원했던 바는 미국 우선주의에 입각한 미국 경제의 활성화였다. 집권 초 그는 탈환경 정책을 무릅쓰고 에너지, 인프라 기업에 대한 혜택을 주었으며, 감세를 통해 미국 기업들이 자사 공장을 해외에서 국내로 이전하도록 유인했다.

한편 대중 무역전쟁 등 무차별 관세 부과를 통한 보호무역주의는 인플레이션을 야기할 수 있었다. 통화 정책에 있어서는 트럼프의 의도와는 무관하게 2017~2018년 중 점진적인 기준금리 인상으로 긴축 모드가 형성되었으며, 이는 미 달러의 강세와 연결된다.

그러나 2018년 4분기 미국 경제가 급격한 둔화 모드로 빠질 수 있다는 시그널이 나타나자, 이듬해 연준은 기준금리 추가 인상이 없다고 하면서 보험성 기준금리 인하 명목으로 3회 인하하면서 금융시장은 바로 회복하는 모습을 보였다.

관세 정책으로 일시적인 조정 국면은 있었지만, 2017년 트럼프의 감세는 확실히 주식시장 등 위험자산에 긍정적인 영향을 미쳤다. 2018년 조정 후 2019년에는 기준금리 인하 등 완화적인 통화정책 영향으로 높은 수익률을 얻을 수 있었다. 한편 가상자산 대장주인 비트코인에 대해 적어도 트럼프 1.0 정부는 다소 부정적인 시각을 가지고 있었다. 단순한 투기 자산이며 달러 가치를 훼손할 수 있다는 이유에서였다.

그러나 2017년 비트코인 선물이 시카고상품거래소에 상장되면서 기관투자자들의 수요가 급증하면서 천문학적인 수익률을 올리기도 했다. [그림 1-15]는 트럼프 1.0 최초 3개년(2017~2019)의 상품별 수익률을 나타낸 것이며, [표 1-2]는 3개년별 수익률이다.

[그림 1-15] 트럼프 1.0 최초 3개년 상품별 수익률

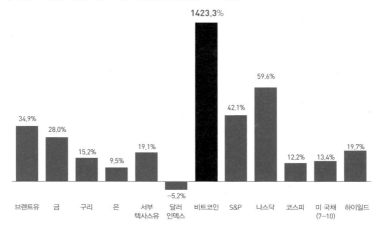

(출처) Bloomberg 재편집

[표 1-2] 트럼프 1.0 연도별 수익률

상품	2017년	2018년	2019년	계
브렌트유	14.2%	−14.9%	35.6%	34.9%
금	12.8%	−2.8%	18.0%	28.0%
구리	29.2%	−21.2%	7.3%	15.2%
은	5.8%	−10.2%	13.9%	9.5%
서부텍사스유	5.1%	−20.5%	34.4%	19.1%
달러인덱스	−9.9%	4.4%	0.2%	−5.2%
비트코인	1403.2%	−74.3%	94.4%	1423.3%
S&P	19.4%	−6.2%	28.9%	42.1%
나스닥	28.2%	−3.9%	35.2%	59.6%
코스피	21.8%	−17.3%	7.7%	12.2%
미 국채(7-10)	3.5%	0.2%	9.8%	13.4%
하이일드채권	7.5%	−2.1%	14.3%	19.7%

(출처) Bloomberg 재편집

주식 섹터별 실적

앞서 언급했지만, 트럼프 1.0 시대 주가는 2017년 감세, 2018년 긴축 통화 정책, 그리고 2019년 다시 완화적인 통화 정책의 영향으로 대체로 우상향하는 모습을 보였다. 세부적으로 보면 도드-프랭크법 폐지 등 금융 규제 완화에 힘입어 금융주들이 강세를 나타냈다. 관세 영향으로 대중 매출 비중이 높은 기업들은 상대적으로 타격을 받았으나, 2017년 반도체 호황과 전기차 상용화, 클라우드 호조 등으로 IT 기업들은 트럼프와 정치적으로 대립각을 세우면서도 주가가 상승했다. 한편 경제 호황에 대한 기대감으로 원자재 관련 기업들의 주가도 호조를 보였다.

여기서 트럼프 1기 정부가 에너지 관련 친화적인 정책을 펼쳤으니 에너지 기업들의 실적이 좋을 것이며, 탈환경 정책이라고 해서 태양광 등 대체에너지에 대한 보조금 삭감 등을 추진했을 것이라고 생각할 수 있다. 그러나 당시 유가가 2014년 바닥을 찍고 올라오기는 했으나 셰일가스 업체들이 채굴할 수 있는 수준을 하회하는 상황이었고, 물가가 비교적 안정적으로 낮게 유지했기 때문에 대형사들도 마진을 높이기 어려웠다.

그리고 태양광, 풍력, 그리고 이를 저장하는 그리드배터리는 공화당 소속 의원의 지역구에 집중되어 있어 오히려 예산 배정을 더 받았다고 한다(그림 1-16 참조).

[그림 1-16] 미국 내 계획 또는 운영 중인 공공사업 규모의 풍력, 태양광, 그리드배터리 비중

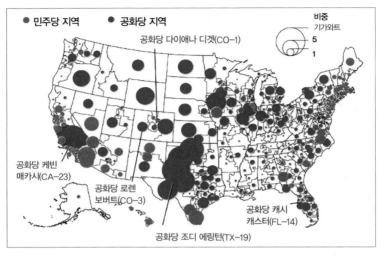

(출처) Bloomberg Opinion X(구 트위터) 캡처(https://x.com/opinion/status/1554469342468870144, 2022. 8. 2)

[그림 1-17] 업종별 누적 수익률(기간: 2017~2019)

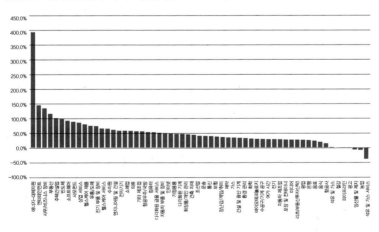

(출처) Bloomberg

거시적으로는 헤드라인 뉴스의 정부 정책이 주가에 영향을 미치지만, 산업별로 정부 정책과 예산 배정이 어떻게 이루어지는지도 면밀하게 봐야 한다. [그림 1-17]은 트럼프 1기 3년 누적 기준 S&P 500 내 업종별 수익률(단순평균)을 나타낸 그래프다.

과연 트럼프가 집권 2기를 시작하자마자 보편적 관세 20%, 대중국 관세 60%까지 부과할 수 있을까?

관세는 과연 '아메리카 퍼스트' 정신을
달성시켜 주었는가?

트럼프는 8년 전 첫 임기를 시작할 때, 그리고 지금 2기 임기를 시작하면서 일관되게 관세를 '세상에서 가장 아름다운 말'이라고 치켜세우면서 그것이 미국의 일자리를 늘리는 데 도움이 될 것으로 믿고 있다. 실제 18세기 유럽에서 중상주의 경제 철학(자국의 주요 산업을 육성하기 위해 해외의 동일한 수입품에 관세를 부과하여 자국의 가격 경쟁력을 높이는 방식 등을 토대로 한 보호무역주의)과 일맥상통한 이야기다. 그런데 실제 그의 생각대로 미국의 살림살이는 나아졌을까?

미국 GDP의 70%가 소비지출로 구성되어 있다. 소비가 늘어야 경제가 성장하는 구조다. 그가 만약 제조업 중심으로 전환하는 구체적인 계획을 가지고 전략 산업을 육성하기 위해 동일한 해외 기업 제품에 관세를 부과했다면 충분히 이해가 가는 전략이다. 또는 중국이라는 새로운 경쟁자의 세력 확대를 꺾기 위한 전략이라면 충분히 이해가 간다. 그러나 그가 노린 것은 단기적인 미국 경제의 부흥이었다.

미국의 관세 폭탄을 맞은 중국이 가만 있을까? 중국 또한 맞불 관세를 놓고 자국에서 생산하는 아이폰, 테슬라, 마이크론 등의 제품 판매를 제한한다. 즉 미국 기업의 수익도 똑같이 줄어든다. 그리고 미국 소비자들은 비싸진 '질 낮은' 수입품 사기를 부담스러워한다. 물가 상승으로 그들의 '가처분소득'이 줄어드는 역효과가 난다. 이런 상황에서 기업이 고용을 늘릴 일이 만무하다.

2024년 12월 초 로이터통신에 따르면 뉴욕연은에서 트럼프 대통령 당선인의 임기 시작을 1개월 앞두고 과거 1기 때 관세 정책이 미국 경제에 미친 영향에 대한 보고서가 나왔다. 보고서에 따르면, 중국 매출이 높았던 기업들은 2018년과 2019년 관세가 발표된 날 주가가 급락했고, 같은 기간 동안 다른 기업들보다 수익이 약 13% 낮았다고 한다. 관세가 과거 중상주의 철학이 통했던 근대 시대에는 양자 간 무역이 대부분이어서 통했을지 모른다. 하지만 현재는 글로벌 공급망이 복잡하고 외국이 보복하기 때문에 관세로 인한 혜택은 어렵다고 한다. 결국 관세 부과 시 관련 기업들은 주가뿐만 아니라 예상 현금흐름에서 큰 손실을 경험했다고 밝혔다.[7]

---

7 출처 : https://www.reuters.com/markets/us/tariffs-under-first-trump-term-hurt-us-firms-ny-fed-analysis-says-2024-12-05/ , 2024. 12. 28 현재

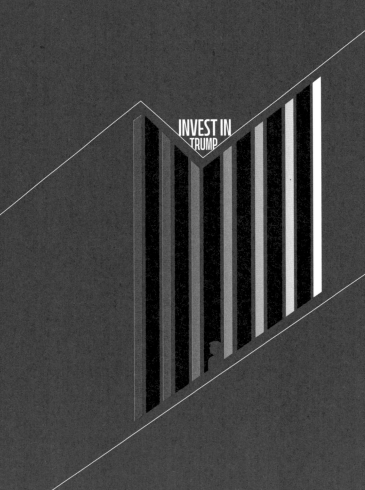

PART

2

트럼프
2.0 시대의
개막

한국 시각 2024년 11월 7일, 민주당 해리스 후보가 당초 승리 선언을 연설할 장소인 워싱턴 D.C. 하워드대에서 대선 패배를 인정했다.

'오늘 오전 트럼프 대통령 당선인과 대화했고, 그의 승리를 축하했다.'

트럼프 2기 정부가 출범했다. 이 글을 쓴 시기는 트럼프가 다시 대통령으로 취임하기 10여 일 전이다. 그는 8년 전 1기 정부 때와 유사한 정책들을 공약으로 들고 나왔다. 불법 이민자 추방, 보편적 관세, 규제 완화, 감세 등 말이다. 그런데 한 가지 다른 점이 있다. 8년 전에는 본인조차 대통령에 당선될 거라고 생각하지 못했다는 후문이 있을 정도로 준비가 덜 되어 있었지만, 이번에는 보수 연구단체인 해리티지 재단과 'Project 2025'를 통해 앞으로 그가 정권을 잡을 때 어떻게 정책을 펼쳐 나갈 것인지, 그리고 'Agenda 47'을 통해 구체적으로 어떻게 실행할 것인지를 밝혔다.

4년 대통령 경험까지, 그는 철저히 정권 재창출을 위한 '준비된 대통령'이었다. 여기서 그가 4건의 기소, 그리고 재판 결과 등에 대한 내용은 논외로 하자. 어차피 대통령 재임 시 사실상 그가 재판을 받고 처벌받을 가능성은 제로이기 때문이다. 1기와 비슷한, 그러나 약간은 다른 47대 대통령 트럼프의 경제와 관련한 선거 공약, 그리고 향후 통화 정책 방향 및 예상 효과 등을 기술했다. 또한 지난 바이든 정부 4년 동안 경제 지표, 금융시장 결과를 살펴봄으로써 현재 미국이 어떤 경기 사이클에 있는지 살펴보기로 한다.

다시 돌아온
트럼프의 주요 공약

미국의 부를 위한 관세 정책

트럼프는 Agenda 47에서 '상호무역법Trump Reciprocal Trade Act'[8]을 통해 미국의 일자리와 부를 되찾고 중산층을 부흥시키며, 중국 등 외국에 대한 의존을 줄이겠다는 계획을 발표했다. 이 근거는 다음과 같다.

　가. 수십 년 동안 미국 정부는 외국 상품에 대한 관세를 통해 정
　　　부 수입의 80% 이상 획득

　나. 중국의 평균 관세가 미국 대비 341%, 유럽연합의 평균 관세

8　Agenda 47: Cementing Fair and Reciprocal Trade with the Trump Reciprocal Trade
　Act

가 미국 대비 50% 높음. 전 세계 평균 관세율이 미국의 2배 이상 높음

다. 즉 미국이 수입품에 낮은 관세를 부과하더라도 수출국 시장에는 높은 보호관세를 유지

라. 이에 따라 미국 내 생산에 대한 수요가 감소하여 제조업 일자리가 감소하고 임금이 하락

이 법안에는 미국보다 높은 관세를 부과하는 국가에 대해 이에 상응하는 관세율을 부과할 수 있다는 내용을 담고 있다. 그 밖에도 행정명령을 통해 보편적 관세 10%에 대중국 관세는 최대 60%까지 부과하겠다는 것이 그의 생각이다. 법률 제정과 관련해서 공화당이 상·하원을 장악하고 있어 당내 이견이 없다면 통과가 유력하다. 현재 공화당의 인적 구성이 1기 때와 달리 트럼프 정책에 직접적으로 반기를 들 만한 인물이 없다는 것은 법안 통과 가능성을 높인다. 다만 법안 통과와 별개로 행정명령을 통한 보편적 관세 10% 적용 시기와 규모 등은 알려진 것은 없고, 행정명령 서명 후 1년 후, 즉 2026년부터 시행할 것이라는 정도만 알려져 있다.

앞서 PART 1에서 언급했던 관세의 경제적 효과가 미국에 그리 유리하게 작용하지 않았다는 점을 트럼프도 알고 있기에 무조건적으로 적용하기보다는 협상 상대국으로부터 뭔가 얻어 내려고 할 때 '전가의 보도'로 사용할 가능성이 있다. 결론은 트럼프 2기 행정부

멤버, 상·하원 내 공화당 의원들이 1기 때보다 훨씬 트럼프 정책에 동조하는 인물들로 구성되어 있다는 점이다. 그리고 1기 때 왜 이런 정책들을 입안하는 데 실패했는지, 관세가 미국 경제에 미치는 영향을 트럼프가 학습했다는 점을 볼 때, 관세 정책을 실행할 가능성은 매우 크다. 단, 관세를 '때리겠다'라고 말하는 트럼프 2기의 환경을 감안하여 협상 상대국이 미국에 뭔가를 양보하는 전략을 사용하면 트럼프는 유연하게 상대국에 대응할 것이다.

제25대 미국 대통령 윌리엄 매킨리
(William McKinley, 재임 기간: 1897~1901)

트럼프는 대선 기간 중 유세와 언론 인터뷰에서 윌리엄 매킨리 전 대통령에 대한 일화에 대해 자주 언급하면서 그를 '롤모델'로 생각하고 있음을 밝혔다. 오죽하면 대통령 당선 후 알래스카에 있는 델라니 산(Delani Mount)을 매킨리 산(Mckinley Mount)으로 명칭을 변경하겠다고 했겠는가?

"In the 1890s, our country was probably the wealthiest it ever was because it was a system of tariffs(1890년대 우리나라는 역사상 가장 부자 나라였습니다. 바로 관세 시스템 때문입니다)."
– 트럼프, 미시간 유세 중(2024. 9. 27)

윌리엄 매킨리는 강한 보호무역주의자였다. 1890년 하원의원 시절, (하원 세입위원장 자격으로) 그의 이름을 딴 'Mckinley Tariff(매킨리 관세)'를 입법하며 수입품에 대해 38%에서 49.5%까지 관세를 부과했다. 대통령으로 취임한 1897년 7월 새로운 관세법안인 'Dingley Tariff(딩글리 관세법)'에 서명하면서 평균 52%의 관세를 부과하게 된다. 이 법은 1909년까지 유효한 최장기간 관세법이었다.
관세법을 입법한 이유는 트럼프의 논리와 일치한다. 미국 산업과 노동자를 보호하기 위해서였다. 그러면 관세로 인한 부작용은 없었을까? 트럼프는 매킨리 시대에 왜 미국이 부강했다고 말한 것일까?

매킨리는 금본위제(금의 가치에 따라 달러를 고정하는 화폐제도)를 지지했다. 그런데 이 당시 원활한 금 유입으로 인해 달러 가치가 안정되고, 이에 관세의 부작용이 상쇄되는 효과(물가가 상승한다는 것은 미국 달러의 가치가 하락한다는 의미인데, 금으로 인해 달러 가치가 유지되면서 관세의 부작용이 상쇄됨)를 얻게 된다. 그리고 매킨리 재임 시절 미국-스페인 전쟁에서 승리하면서 필리핀, 푸에르토리코 등의 식민지를 얻게 되는 등 미국이 본격적으로 세계 강국으로 부상하는 시기였다. 그래서 그의 재임 시절 포함 1907년 미국 대공황(1929년 대공황이 아님)까지 미국 경제는 호황을 맞이했다.

미국 투자를 확대하기 위한 감세 정책

트럼프 1기 때와 마찬가지로 2기 때 감세 정책을 유지할 것으로 예상한다. 그의 감세 정책은 다음과 같다.

    가. 법인세율 인하
    나. 2017년 입법한 TCJA 2025년 만료 시 연장
    다. 인플레이션 감축법 폐지 또는 축소
    라. 디지털세 유보

법인세율의 경우, 1기 때 35%에서 21%로 낮춘 바 있다. PART 1에서 설명했듯이 감세 법안 통과 초기 주가가 상승하고 미국 기업의 제조업 공장들이 세제 혜택을 위해 국내로 환류하는 효과를 거두었다. 2기 초기에 법인세를 21%에서 20% 낮추고, 미국 생산기업에 대해서는 15%까지 법인세를 낮추겠다고 공약했다. 이것은 2017년 애플, 구글 등 IT 기업과 주요 제조기업의 공장들을 미국으로 끌어들이는 효과를 기대하는 것과 맥락을 같이한다. 그리고 해외 현지법인이 미국에 공장을 짓고 생산할 경우 세제 혜택을 줄 것으로 예상한다.

법인세율 인하 이외의 항목들의 시효 만료인 2025년 말 이전에 의회의 승인을 얻어 연장할 것으로 예상한다. 연장 항목은 연구개

발비, 보너스 감가상각 등이 있는데, 이를 비용으로 인정하여 과세 표준에서 공제할 경우, 기업의 투자를 촉진하는 인센티브로 작용할 것이라고 기대하는 것이 트럼프의 생각이다.

한편 트럼프는 전임 바이든 정부의 레거시 정책인 인플레이션 감축법Inflation Reduction Act(이하 'IRA') 폐기를 추진하겠다고 밝혔다. 이것은 트럼프의 주요 공약인 탈환경과 전통 에너지 규제 완화 정책에 반하기 때문이라고 보인다. 그리고 민주당을 일종의 '적'으로 간주한 트럼프가 민주당의 불필요한 재정 지출의 대표적 예로 IRA를 들고 있어, 명목상으로는 폐지가 불가피해 보인다.

여기에 트럼프를 적극 지지하며 이번 트럼프 2기 정부에서 정부효율부Department of Government Efficiency(이하 'DOGE') 수장으로 임명된 테슬라의 CEO 일론 머스크가 이 법의 폐지를 적극 지지하고 있다는 점도 폐기 가능성을 높게 본다. 그러나 이 법을 폐기하기 위해서는 의회 통과가 필요한데, 상호무역법이나 감세와는 달리 쉬운 과정은 아닐 것이다. 왜냐하면 우선 IRA로 인해 공화당 우세 지역에 적잖은 혜택이 돌아갔기 때문이다. 다음 [그림 2-1]과 같이 IRA 통과 후 투자 혜택을 받은 상위 10개 주는 모두 이번 대통령 선거에서 트럼프가 승리한 주들이었다.

그리고 국내외 전기차, 배터리 기업들이 미국 현지에 생산기지를 마련하여 IRA의 혜택을 받기 위해 노력했는데, 이 법이 폐지된다면 타격이 작지 않을 것이다. 그렇다고 미국에서 생산기지 건설

[그림 2-1] IRA 이후 상위 10개 주 청정기술 투자 총액

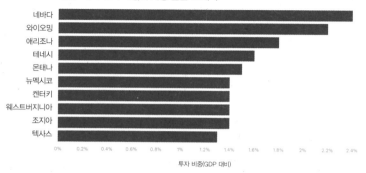

GDP 대비 투자 비중이 가장 높은 10개 주

투자 비중(GDP 대비)

(출처) https://www.ciphernews.com/articles/at-two-years-gop-states-benefit-the-most-from-climate-law/, 2024. 12. 29 현재

을 중단할 수도 없다. 이미 건설비용으로 사용한 적지 않은 매몰비용은 고려하지 않더라도, 트럼프 2기에서 밀게 될 감세 혜택(미국에서 공장을 짓고 생산하는 기업에 최저 15%까지 법인세를 낮춰 주겠다는 법안)을 무시할 수도 없다.

마지막으로 OECD와 G20은 다국적 기업의 소득 이전을 통한 조세회피 및 세원 잠식을 차단하고, 국가 간 무분별한 조세 경쟁을 방지하기 위해 포괄적 이행 체계Inclusive Framework(이하 'IF')를 출범시켰다. 그리고 다음 Pillar(필라) 1, 2에 대해 미국을 포함한 IF 회원국들이 합의했다. [9]

---

9 법무법인(유)세종, '트럼프 당선과 미국 조세, 관세 정책의 변화', 2024. 11. 24, 3면

가. Pillar 1: 본사가 해외에 있는 경우라도 매출이 일어나는 국가(시장국)가 해당 매출에 대한 과세 권한을 갖게 하는 것

나. Pillar 2 : 다국적 기업에 대해 보편적 최저 법인세율 15% 적용

이에 대해 트럼프 1기 때도 구글, 애플 등에 디지털세를 부과한 프랑스 등 11개 국가에 대해 관세를 부과한 바가 있어, 이 IF 합의가 유지될지 불확실한 상황이다.

에너지 독립을 위한 에너지 정책

트럼프 2기의 에너지 정책은 '드릴, 베이비, 드릴!Drill, baby, drill!'로 요약된다. 즉 최대한 많이 채굴하도록 인센티브를 주겠다는 것이다. 트럼프는 바이든 행정부가 '인플레이션 통제에 실패했다'라고 맹렬하게 공격했는데, 그 대표적인 이유가 에너지 가격의 폭등을 예로 들었다(바이든은 친환경 정책을 내세우면서도 원유 수요 증가, 러시아-우크라이나 전쟁 등으로 유가가 급등하자 전략비축유를 방출하면서까지 유가 안정을 위해 노력했다.-필자 주). 그의 Agenda 47에서 에너지 정책과 관련한 주요 내용[10]은 다음과 같다.

---

10 Agenda 47: America Must Have the #1 Lowest Cost Energy and Electricity on Earth

가. 에너지 규제 철폐 및 생산 확대

나. 에너지 인프라 개발 및 전략비축유 복원

  -인프라 개발: 석유 및 천연가스 프로젝트의 신속한 승인. 특
  히 펜실베이니아, 웨스트버지니아, 마르셀루스 셰일 지역으
  로의 천연가스 파이프라인 승인을 가속화할 것임

  -전략비축유 복원: 바이든 행정부 당시 최저 수준의 전략 비
  축유 복원

다. 국제 협정 및 환경 정책 재검토: 파리기후협정 재탈퇴, 바이
  든 행정부의 '그린 뉴딜' 정책 폐기, 환경단체 소송 제한 등

라. 소비자 제품 규제 철폐: 소비자 선택을 제한하고 비용을 증
  가시키는 조 바이든 행정부의 정책을 중단하고, 전구와 가스
  레인지, 식기세척기 등의 제품에 대한 규제를 철회

마. 원자력 에너지 및 수력 발전 지원: 원자력규제위원회를 현
  대화하고 기존 발전소의 운영을 유지하며, 소형 모듈 원자로
  기술에 투자하겠다고 밝힘

바. 자동차 산업 규제 완화: 내연기관에 대한 규제[11]를 철회하고,
  2023년 4월에 발표된 차량 배출가스 규제를 취소하여, 자동
  차 산업과 소비자에게 미치는 부정적 영향을 완화하겠다고
  강조

바이든 행정부에서 추진했던 '탄소제로' 정책은 그 과정에서 상

당한 재정 지출, 그리고 기업에게는 장기간, 대규모 비용 지출이 불가피했던 사항이다. 동시에 환경보호는 미래 세대의 생존을 위해서 당연히 나아가야 할 방향이다. 트럼프의 탈환경 정책이 현실화되면 유가가 안정될 수 있고 재정 지출을 줄이고 기업의 비용을 아낄 수 있어, 2기 정부에서는 에너지 관련 기업들의 수익성을 제고할 수 있다. 사실 트럼프 1기 때도 유사한 탈환경 정책, 에너지 규제 완화를 내세웠지만 각종 소송에서 패소하여 정책을 제대로 펼치지 못했다.

그러면 2기 때 이 정책이 가능할까? 환경 관련한 정책은 1기 때와 마찬가지로 많은 소송에 직면하거나 정치적으로 반대 세력의 발언에 부딪힐 것이다. 그런데 최종 판단을 하는 연방대법원 판사 9명 중 6명이 보수성향(트럼프 1기 때 완성)이라는 점에서 트럼프가 1기 정부와 비교할 때 보다 자유롭게 탈환경, 에너지 규제 완화 정책을 실행할 수 있을 것이라고 판단한다.

---

11 이 규제를 실시할 경우, 2055년까지 약 100억 톤의 이산화탄소 배출량을 줄이는 것을 목표로 하며, 이 경우 미국의 석유 수입 의존도가 약 200억 배럴 감소할 것으로 예상. 이를 위해 2027년 생산 모델부터 새로운 규제를 적용할 것이라고 밝힘(출처 : EPA, 'Biden-Harris Administration Proposes Strongest-Ever Pollution Standards for Cars and Trucks to Accelerate Transition to a Clean-Transportation Future', 2023. 4. 12 (https://www.epa.gov/newsreleases/biden-harris-administration-proposes-strongest-ever-pollution-standards-cars-and, 2024. 12. 29 현재)

정부 효율을 내세운 지출 감소, 그리고 규제 완화

트럼프 2.0의 공약은 1.0 때와 마찬가지로 미국 우선주의에 기반한 포퓰리즘에 있다. 물론 그는 비용을 누군가에게 전가하는 데 전문가이기는 하지만, 감세와 같은 정부 세입 감소를 초래하는 대가로 국채를 더 많이 찍어야 한다. 그리고 그의 지지자인 백인 블루칼라들의 일자리와 복지를 지원하기 위해 정부 지출이라는 일종의 거대한 비용을 늘리는 데 직접 나서야 한다. 이러한 논리에 기반하여 트럼프가 공화당 소속임에도 불구하고 직전 바이든 정부 때 못지않게 정부 재정을 확장할 것이라는 우려가 있는 것도 사실이다.

현재 미국의 정부 부채는 [그림 2-2]와 같이 트럼프 1기 마지막 해인 2020년 코로나 팬데믹 때 전인미답의 재정 지출 여파로 악화한 모습을 보이고 있다. 현재 GDP 대비 정부 부채는 2024년 3분기 기준 120.7%로 재정 건전성 기준치인 60%를 훨씬 상회하고 있다 (우리나라는 2023년 말 기준 51.5%임).

트럼프 대통령 또한 이를 잘 인식하고 있는 듯하다. 언론에서는 감세의 단점인 세입 감소를 관세를 통해서 보완할 수 있다고 한다. 그러나 그가 생각하는 궁극적인 문제점은 정부가 비효율적으로 예산을 함부로 사용한다는 점이다. 그는 Agenda 47[12]을 통해서 취임

---

12 Agenda 47: Using Impoundment to Cut Waste, Stop Inflation, and Crush the Deep State

[그림 2-2] 미국 정부 부채 추이(2013. 1~2024. 9)

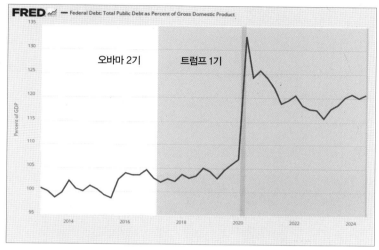

(출처) 세인트루이스 연은

하자마자 지출 보류 권한Impoundment Power을 복원하겠다고 밝혔다. 또
한 연방 기관들에 세출 동결 권한을 행사하여 막대한 비용 절감이
가능한 예산 항목을 파악하도록 지시할 것임을 밝혔다. 그리고 의
회가 세출 동결 통제법Budget Control Act을 통과시키면서 행정부의 지출
낭비를 방관했다는 부분(예: 재정 지출 상한만 있고 하한이 없는 점)에
대해 검토할 것이라고 했다.

　무엇보다 혁신의 아이콘으로 불리는 일론 머스크가 트럼프 2
기에서 DOGE의 공동 수장이 되어(그림 2-3 참조), 트럼프 공약을
그 누구보다도 잘 수행할 것이라고 본다. 그는 연방정부 예산 6조

7,500달러의 3분의 1인 2조 달러(약 3,000조 원) 이상을 삭감할 수 있다고 밝혔다. 그 예로 불필요한 인력을 대거 구조조정(재택근무를 현장 근무로 돌리기만 해도 상당한 정부 내 직원들이 퇴직할 것이라는 기대감과 함께 말이다)하고 불필요하게 지출한 부처를 공개하는 등의 방법을 들었다.

[그림 2-3] 일론 머스크, DOGE와 자신의 얼굴을 합성한 사진

(출처) 일론 머스크 X(https://x.com/elonmusk/status/1856530955709587762, 2024. 9. 7)

시장이 일론 머스크의 등장에 관심을 기울이는 것은 각종 규제 완화이다. 그 자신이 각종 규제에 막혀 사업을 진행하지 못했던 당사자였기 때문에 거침없이 규제에 메스를 댈 것으로 예상한다. 즉 우주로 내보내는 로켓 발사 과정 규정, 100% 자율주행에 기반한 테슬라의 로보택시 사업, 윤리 이슈로 각종 제한이 가해질 수 있는 인공지능, 방산 관련 드론 기술 규정 등 그가 직·간접적으로 겪었던 내용을 중심으로 과감하게 규제를 풀 것이다. 전기차의 대량생산, 저렴한 가격으로 우주여행을 현실화한 21세기 나폴레옹의 행보를 보인 그가 일반 공직사회에서는 불가능하다고 생각하는 규제 철폐는 트럼프 1.0에는 없었던 새로운 시도이다.

미국의 글로벌 슈퍼 파워를 위한 친가상자산 정책

트럼프 1기의 공약과 정책에 가장 다른 공약이 바로 친가상자산 정책이다. 그는 1기 집권부터 가상자산에 대해 부정적인 입장을 나타냈다. 심지어 '그저 사기Scam 같다'라며 강력한 규제 의사를 밝히기도 했다. 그런데 2024년 대선 기간 중 그는 돌연 가상자산 지지자로 바뀐다. 2024년 7월 비트코인 2024 컨퍼런스에서 그는 '미국을 글로벌 가상자산 수도이자, 비트코인 슈퍼 파워가 되도록 하겠다'라고 말하며, 비트코인을 포함한 핵심 가상자산을 미국의 전략적 자산으로 삼아 정부 차원에서 지속적으로 매입하겠다는 의사를 밝혔다.

투자 구루인 워런 버핏, 하워드 막스, 레이 달리오 등이 가상자산을 펀더멘털 가치가 없는 투기에 불과한 것으로 평가절하했다. 하지만 비트코인 기준 1비트코인당 10만 달러(약 1억 5,000만 원)를 상회하는 가격을 보이는 등 가상자산이 거래소에 상장된 지 10년 남짓한 현재까지 급속도로 성장하면서 이제는 무시할 수 없는 대체

[그림 2-4] 글로벌 가상자산 규모 추이(2013. 4~2024. 12)

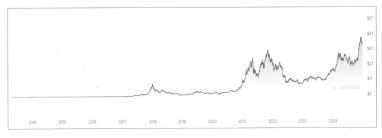

(출처) CoinGecko

투자자산으로 인정하지 않을 수 없게 되었다. [그림 2-4]와 같이 글로벌 가상자산 시장의 규모는 약 3조 4,000억 달러(약 5,100조 원) 규모로 코스피 시가총액의 2배를 초과한다(코스피 시가총액 약 2,190조 원, 2024. 12. 27 현재).

트럼프는 당선 후 이미 친가상자산 기류를 보이고 있다. 바이든 정부에서 대표적인 가상자산 규제론자였던 게리 겐슬러 SEC(미국 증권거래위원회) 의장은 2025년 1월 20일 트럼프 취임과 동시에 의장직에서 물러나겠다고 선언했다. 그리고 새로운 SEC 의장으로 내정된 폴 엣킨스는 2017년부터 디지털 상공회의소에서 토큰 얼라이언스 공동의장을 역임하는 등 대표적인 친가상자산론자로 불리고 있다. 또한 트럼프는 대선 당시 크립토 자문 위원회를 백악관 내에 신설하겠다고 공약했고, 공약을 반영한 'AI(인공지능) 및 가상자산 차르'로 전 페이팔 COO인 데이비드 색스를 임명했다.

향후 4년 동안 가상자산 생태계를 이끌 리더들을 통해 가상자산과 관련한 각종 규제가 완화될 것으로 기대한다. 또한 현재 증권성으로 간주받아 6년 이상 동안 지리한 법적 다툼을 벌이고 있는 리플 XRP에 대한 소송을 SEC가 철회하는 등 일부 가상자산 업계가 겪고 있는 법적 리스크도 상당 부분 해소될 전망이다.

물가를 자극하는 통화 정책

2024년 12월 말 기준, 연준은 기준금리를 다시 인하하기 시작하면서 2022년 3월부터 지속해 온 긴축 정책을 끝냈다. 그러나 3개월 전인 9월 FOMC[13]에서 2025년 중 총 4회 기준금리 인하를 예상했다. 그러나 물가 하락이 더디고 경제 지표가 예상치를 상회하는 호조를 보이면서(물가 및 경제 지표는 03. 바이든 정부의 경제 지표에서 다루기로 한다) 기준금리 인하 횟수가 줄어들어 2025년 2회 인하로 하향 조정했다.

---

13 Federal Open Market Committee의 약어로, 기준금리 결정, 양적완화(축소) 등 통화 정책을 결정하는 회의체다. 연준의장 포함 7명의 연준이사와 12명의 지역 연은총재로 구성되며, 투표권은 연준이사 전원과 4명의 지역 연은총재가 매년 순번제(뉴욕 연은총재는 매년 투표권 행사)로 갖게 된다. FOMC는 6주에 1회, 연 8회 개최하며, 3, 6, 9, 12월에 경제 예상 및 점도표를 공개한다.

[그림 2-5] 2024년 9월 기준금리 점도표

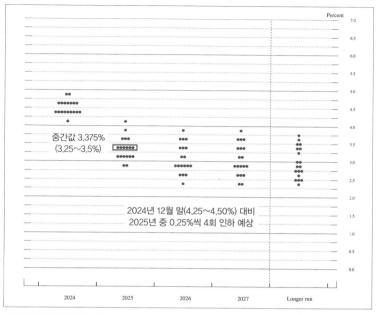

중간값 3.375%
(3.25~3.5%)

2024년 12월 말(4.25~4.50%) 대비
2025년 중 0.25%씩 4회 인하 예상

(출처) 미 연방준비위원회(2024. 9. 18)

　　12월 FOMC에서 기준금리를 인하하고, 횟수는 줄어들었지만 2025년에도 완화적인 통화 정책을 보이겠다고 밝혔음에도 주가는 하락하고, 채권 금리는 상승(또는 채권 가격은 하락)했다. [그림 2-5]와 [그림 2-6]은 2024년 9월 및 12월 FOMC 19명의 구성원이 예상한 기준금리 점도표 현황이다.

　　트럼프 2기 시작 전, 다소 중립적인(기준금리를 확실히 내리겠다는 의사도, 올리겠다는 의사도 없는 상황) 통화 정책 스탠스는 트럼프가

[그림 2-6] 2024년 12월 기준금리 점도표

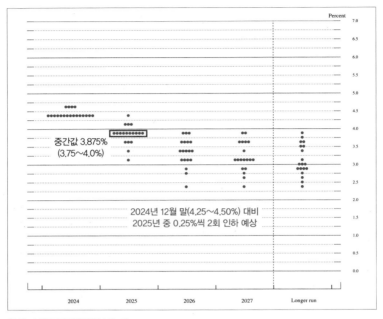

(출처) 미 연방준비위원회(2024. 12. 18)

결코 달가워할 리가 없다. 특히 연준의장이 바로 파월이라는 점이 2018년, 2019년의 둘 간의 데자뷔를 볼 수도 있다. 일단 트럼프는 파월 의장에 관한 질문에 취임 후 해임할 생각은 없다며 관망 모드를 유지했다.

파월도 본인의 임기 내에 사퇴할 일은 없을 것이라고 단언했다. 2025년 1월 트럼프 2.0 시대가 열리면서 트럼프가 연준과 통화 정책에 대한 영향력은 파월 임기가 종료하는 2026년 6월까지의 시즌

1과 트럼프가 자신의 영향력하에 있는 인물을 연준의장으로 올리는 시즌 2로 구분할 수 있을 것이다.

시즌 1. 단순한 말 폭탄으로 끝나지 않을 것이다

트럼프는 경기 호황, 주가 부양, 그리고 저금리를 통한 차입비용 절감 등의 정책을 기본으로 한다. 그런데 경기 호황 및 주가 부양이라는 확장적 경기 사이클에서 기준금리 인하는 연준이 가장 두려워하는 물가 상승의 우려가 있다. 돈이 풀리기 때문이다. 특히 그의 감세 및 관세 정책은 취임 후 행정명령 서명 또는 언론에 '정책을 언제까지 하겠다'라고 밝히는 것 자체가 물가를 자극할 수 있다. 비록 파월 의장은 공화당 소속의 인사이지만, 지난 7년간 의장직을 수행하면서 다른 연준 멤버들의 의견을 충분히 숙고하여 다수의 의견을 따랐던 '합의 중심적 인물'에 속한다.

2022년 고물가에 연준이 힘겹게 대응하면서 겨우 물가를 낮췄던 경험은 물가 상승의 징후가 보인다면 기준금리 인하를 멈추고 다시 인상 카드를 만질 것임은 분명하다. 이때 트럼프의 분노 게이지가 폭발하는 트리거 포인트가 될 것이다. 파월은 원칙적으로 계속 임기를 수행하겠다고 밝히고, 이 과정에서 둘의 갈등은 극에 달할 것이다. 그리고 트럼프는 이번에는 '진짜' 그를 해임할지도 모른다(위헌 여부에 대해서는 그가 믿는 대법원 판사들이 도와줄 것이라고 막연히 생각하면서 말이다). 다행인 점은 파월 역시 금융시장에 매우 민감하게 반응하는 연준의장이라는 점이다. 1980년대 초 폴 볼커 의장처럼 연준의 사명인 물가 안정을 위해 실물경제의 침체 및 금융시장 붕괴는 아랑곳하지 않는 연준의장이 아니다.

시즌 2. 트럼프가 그의 '아바타'를 통해 연준을 진두지휘하다

우리나라 한국은행법 제91조(열석 발언)에 따르면 기획재정부 차관 또는 금융위원회 부위원장은 미국의 FOMC 격인 금융통화위원회 회의(이하 '금통위 회의')에 열석하여 발언할 수 있다. 비록 정부 측 인사가 금통위 회의에서 금리 결정 등에 투표권은 없으나 발언하는 것 자체가 한국은행의 독립성을 침해할 소지가 있다(그림 2-7 참조). 따라서 1998년 한국은행의 독립성을 보장하는 한국은행법 개정 이후, 2010년 1월 금통위 회의에 기획재정부 차관이 참석한 것을 제외하고는 한 번도 정부 측 인사가 참석한 사례는 없었다.

그런데 2026년 6월 파월 의장이 임기를 마치고 물러난 후 이어받는 차기 연준의장은 아무래도 트럼프의 영향력에서 벗어나기 어려울 것이다(파월이 트럼프 의중을 잘 따라서 연임할 수도 있다). 트럼프

[그림 2-7] 금통위 회의에 정부 측 인사 참여에 대한 항의 시위 현장

(출처) 참여와 혁신, '기재부 차관 금통위 참석에 노조 반발', 2010. 1. 8 (사진: 한국은행노동조합)

2.0 내각에서 임명된 장관들을 보면 대체로 극우성향으로 트럼프의 의중을 잘 따르는 충성심 있는 인사이다. 독립기관인 연준이라고 예외는 없을 것이다. 약 1년 6개월 후의 상황을 단정하여 이야기할 수는 없지만, 충분히 그럴 개연성이 높다고 필자는 믿는다.

그러면 과거 사례에서 대통령이 연준에 과도하게 개입한 사례가 있는지 찾아보고 당시 주요 경제 지표를 보는 것이 맞겠다. 가장 두드러진 사례는 1970년대 초 닉슨 대통령 시절, 베트남 전쟁 후유증, 브레턴우즈 체제[14] 붕괴 등으로 달러 가치가 하락한 데다가 OPEC이 서방세계에 석유 수출을 금지한 1차 오일쇼크가 일어나는 경기

---

14 1944년 미국 뉴햄프셔주 브레턴우즈에서 44개 연합국이 모여 미국 달러를 기축통화로 하며, 달러와 금의 교환 비율을 35달러 대 1온스로 고정한 금본위 체제를 시행하기로 합의했다.

침체 시기였다. 당시 닉슨은 재선을 위해서는 경기를 부양할 필요가 있었고, 물가 상승을 억제하기 위한 연준의 긴축 정책을 강하게 비난했다. 기준금리 인상은 곧 경기침체를 가속화하는 일이기 때문이다. 당시 연준의장인 아서 번스는 정치권의 압력에 굴복하여 물가 상승에도 불구하고 기준금리를 인하하는 '우'를 범하게 된다. [그림 2-8]과 같이 기준금리는 내리는데 오히려 10년 국채 금리는 치솟는 현상을 보였고, 이는 미국이 1970년대 물가 상승과 경기침체를 동시에 맞이하는 '스태그플레이션'의 원인으로 작용했다.

트럼프 정책은 (실제 지지자들의 복지 증진을 위해 정부 지출을 늘려야 하는 현실에도 불구하고) 명목상 정부의 지출을 줄이는 대신, 민간 투

[그림 2-8] 1970년대 기준금리 및 국채 10년 추이(1970. 1~1979. 12)

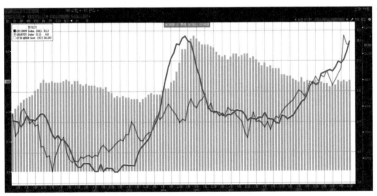

Core CPI: 파란색 실선(우측 축 1), 10년 국채 금리: 검은색 점선(우측 축 2), 실업률: 막대그래프 (좌측 축)

(출처) Bloomberg

자를 늘리게 하는 정책 중심이다. 그리고 금리를 낮춰 개인들이 차입하여 투자할 수 있는 환경을 조성하려고 한다. 앞서 감세와 관세로 인한 물가 상승 개연성을 언급했듯이 전반적으로 트럼프의 정책은 물가를 자극하는 정책이다.

그런데 연준이 물가 안정을 위해 정책 브레이크를 걸지 못한다면 1970년대의 재림이 안 온다고 할 수 있겠는가? 당연하다고 생각하고, 일어나지 않을 것이라고 믿는 것들이 누군가에 의해 깨지는 경우가 종종 일어난다. 세계 경제 규모 10위권의 선진국이며, 민주주의의 모범이 되어 왔던 우리나라도 2024년에 계엄이 선포되는 상황이지 않은가?

바이든 정부(2021~ 2024)의
경제 지표

그러면 바이든 정부의 경제 지표는 어땠는가? 바이든이 2020년 11월 트럼프를 꺾고 대통령에 당선되었을 때 민주당은 상·하원 과반수 이상을 차지하는 '블루 웨이브'를 달성했다. 2021년에 접어들면서 코로나로 인한 공급망 붕괴, 노동가능 인력 부족 등으로 물가와 임금이 상승하고 있었음에도 불구하고 민주당은 재정 지출을 지속적으로 시행했고, 이 과정에서 미국의 재정 적자가 증가했다.

물가 상승을 억제하기 위해 연준은 뒤늦게 기준금리 인상 및 양적 축소를 통한 긴축 통화 정책을 시행하면서 경기침체 우려가 있었다. 그러나 노동시장은 여전히 탄탄하고 AI 등 신산업 등장에 따른 생산성 증가, 그리고 GPU 및 HBM High Bandwidth Memory 등 AI 연관 산업이 주목받는 등 미국의 경제는 탄탄했다. 그럼에도 불구하고 서민들은 고물가로 인한 가처분소득의 감소로 고통받아야 했다.

여기에 바이든은 끊임없이 치매 등 건강 논란으로 언론의 공격을 받았고, 2024년 6월 트럼프와의 TV 토론에서 그의 건강 문제가 현실화되면서(유튜브 등을 통해 당시 대선 토론을 시청하면 금세 이해할 것이다) 그는 민주당 전당대회 직전인 2024년 8월 대통령 후보직에서 전격 사퇴하게 된다.

성장 지표: 견조한 실질 성장률, 하락하는 ISM PMI

[그림 2-9]를 보면 실질 성장률은 2020년 코로나 팬데믹을 극복하고, 바이든 집권 초기인 2021년 회복세를 보인다. 그러나 취임 때부터 급등하기 시작한 물가, 2022년 2월 러시아가 우크라이나를 침공하며 유가 및 곡물 가격 급등, 가뜩이나 코로나로 망가진 공급망 혼란에 우려가 커지면서 2022년 1, 2분기 마이너스 성장 및 정체를 보이기도 했다. 2022년 3월부터 연준에서 뒤늦게 물가를 안정시키기 위한 기준금리 인상에 나서서 2023년 9월까지 5.5% 인상하는 등 긴축에 나섰다. 하지만 AI 열풍에 따라 엔디비아, 마이크로소프트 등 IT 기업 및 유가 상승에 따라 에너지 관련 기업들의 실적 호조 등으로 연율 2%대 후반에서 4%대 초반의 탄탄한 상승 기조를 유지했다(우리나라 2024년 GDP 성장률은 2.1%이니, 경제 규모가 10배 이상

[그림 2-9] 실질 경제 성장률 추이(2021. 1분기~2024. 3분기)

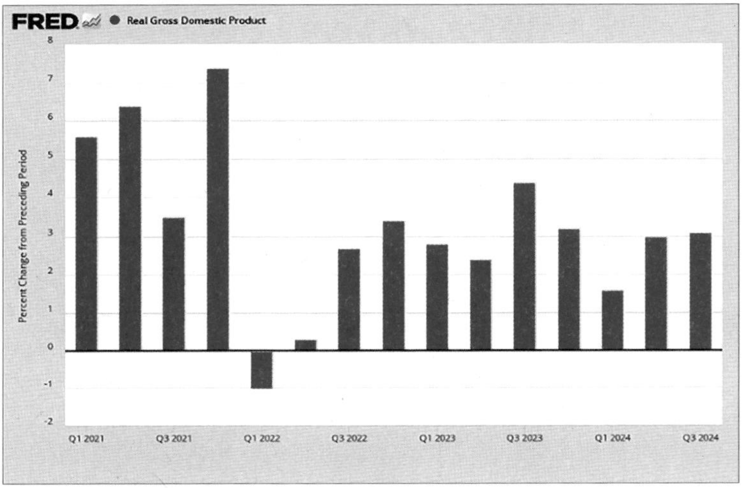

(출처) 세인트루이스 연은

큰 미국의 경제 성장률이 상당히 높은 것을 알 수 있다).

　견조한 실질 성장률에 비해, 경기의 흐름을 알 수 있는 ISM PMI 지표는 2021년 고점 후에 점점 하락하는 모습을 보이고 있다(그림 2-10). 제조업은 이미 2022년 3분기부터 경기둔화를 보이고 있으며, 서비스업의 경우에도 50 이상을 유지하고 있지만 정체 내지는 하락하는 모습을 보이고 있다.

[그림 2-10] ISM PMI 추이(2019. 1~2024. 12)

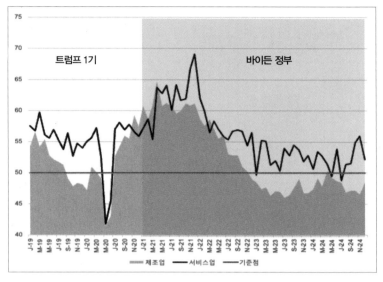

(출처) ISM, 인베스팅 닷컴

고용 지표: 견고한 노동시장, 실업률 감소

바이든 정부 4년간 고용시장은 안정을 넘어 매우 타이트했다. 타이트했다는 말은 코로나 이후 노동가능인구가 줄어서 노동력이 귀했다는 의미다. 2021년은 2020년 1~3월 팬데믹으로 인해 떠났던 노동인구가 급격하게 돌아오는 시기였다. 바이든 정부 4년 동안 신규 고용 순증은 감소하는 모습을 보였지만, 이는 코로나 팬데믹 이후 노동시장이 정상화되는 과정으로 이해하면 될 것이다. 오히려

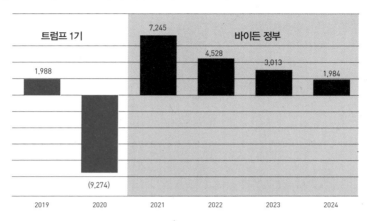

[그림 2-11] NFP 연도별 추이(1,000명, 2019~ 2024)

트럼프 1기

1,988

(9,274)

7,245

바이든 정부

4,528

3,013

1,984

2019 2020 2021 2022 2023 2024

(출처) 세인트루이스 연은

2022년 이후 기준금리 인상에 따른 긴축 정책에도 불구하고 월 고용자 순증이 20만 명 이상을 유지하고, 2023년 이후에도 15만 명을 꾸준히 유지하는 수준은 견고한 노동시장 현황을 보여준다.

실업률은 팬데믹 이후 급격하게 감소하며 2023년 1월 및 4월 최저 3.4%까지 하락하다가 점진적으로 상승해서 4% 초반을 보이고 있다. 앞서 트럼프 1.0 시대의 실업률과 같이 완전고용 상태에 접어들었다. 실업률이 소폭 상승하는 것은 팬데믹 이후 점진적으로 유입되는 노동인구가 늘어나면서 나타나는 현상이다(신규 고용 순증이 여전히 안정적으로 유지하고 있음을 볼 때 말이다). 그리고 연준이 2022년 이후 기준금리를 급격하게 올리면서 '고의적'으로 경기둔화를 일

[그림 2-12] 실업률 추이(2019. 1~ 2024. 12)

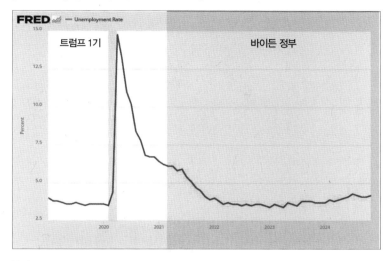

(출처) 세인트루이스 연은

으켜 물가 인상을 차단하려고 하는 통화 정책 영향도 일부 있다. 그런데 과연 낮은 실업률 자체를 보고 경기침체 걱정이 없다고 말할 수 있을까?

 '여기서 잠깐'

샴의 법칙

실업률 지표는 대표적인 경기 후행지표이다. 따라서 실업률 수치가 낮더라도 지표를 바라보는 시점에서 현재 경기가 양호하며 앞으로 더 견조해질 것이라고 생각하면 안 된다. 그러면 현재 시점에서 실업률을 바탕으로 경기 확장 또는 둔화 여부를 판단할 수 있는 지표가 있을까?

전직 연준 이코노미스트이자 현 21Century에서 수석 이코노미스트로 재직 중인 클라우디아 샴 박사가 고안한 '샴의 법칙'을 통해서 현재 시점의 경기 상황을 판단할 수 있다. 샴 박사는 실증 논문[15]에서 1950년 이후 미국에서 발생한 11번의 경기 침체 중 1959년을 제외한 나머지 10번이 '샴의 법칙'을 통해 알아냈다고 밝혔다. 샴의 법칙은 다음과 같다.

실업률 3개월 이동평균 − 직전 12개월 중 3개월 이동평균 최저치≥0.5%

[그림 2-13] 샴의 법칙 추이(1949. 1~2024. 11)

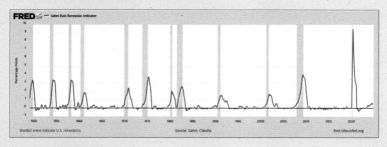

(출처) 세인트루이스 연은

---

15 Sahm, C. (2019). Direct stimulus payments to individuals. Recession ready: Fiscal policies to stabilize the American economy, 67–92

그러면 트럼프 2.0 시대를 앞둔 2024년 11월 현재 샴의 법칙은 어디를 가리키고 있는가? 11월 현재 샴의 법칙에 의하면 0.43% 수준으로, 아직 경기침체 단계는 아닌 것으로 나타난다. 다만 지난 2024년 7월 지표 기준 샴의 법칙상 0.5%를 초과한 적이 있어, 낮은 실업률에도 불구하고 경기 상황은 지속적으로 모니터링해야 한다.

물가 지표: 물가 하락을 위한 연준의 기준금리 조절

민주당 해리스 후보가 트럼프에게 패배한 원인 중 하나가 바로 이 물가일 듯싶다. 2008년 금융 위기 이후 아무리 돈을 풀어도 물가는 요지부동으로 2% 아래에서 움직였다. 그런데 코로나 팬데믹 당시 전례 없는 돈 풀기가 진행되면서 잠자던 물가를 깨우기 시작했다. 2020년 말부터 연준의 선제적인 기준금리 인상을 요구하는 목소리가 빗발쳤지만, 파월 의장은 공급망 붕괴에 따른 '일시적Transitory' 현상으로 간주하며(사실 기준금리 조절은 소비자의 수요를 조정하는 역할이지 공급망과는 관련이 없다) 기준금리 인상을 꺼렸다. 물론 정부도 경기가 좋은데 기준금리를 올린다고 하면 좋아할 리 없으니 방관했다. 그사이에 물가는 손을 쓸 수 없을 만큼 상승하고 핵심물가 기준이 연준의 목표치인 2%를 훨씬 넘은 4% 이상 상승하자, 그제야 연준이 움직이기 시작했다.

[그림 2-14] Core CPI 추이[2021. 1~2024. 11]

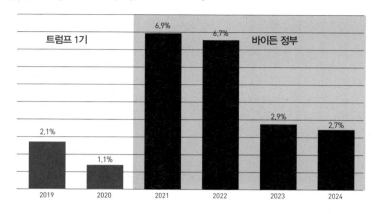

(출처) 인베스팅닷컴 재편집

가파른 기준금리 인상으로 2023년부터 점진적으로 물가가 하락하기 시작했으며 핵심 물가 기준 2%대로 접어들자 연준은 기준금리를 다시 인하하면서(2024. 9) 완화적인 스탠스로 돌아섰다. 그러나 실질 성장률이 여전히 강한 상승세를 보이고 물가 둔화세가 약한 현재 트럼프 2기 정부의 규제 완화, 감세 스탠스가 미국의 '노랜딩(성장률 하락 없이 지속적으로 성장하는 경제)'을 이끌어 물가를 자극할 여지가 있다. 이 경우 금리 상승, 주가 하락로 연결될 수 있다는 점을 명심해야 한다.

트럼프 1.0 정책과 정반대인
바이든 정부 정책에 의한 금융 상품별 실적

배경 및 금융 상품별 수익률 현황

바이든 정부는 트럼프 1.0 정책과는 거의 정반대였다. 친환경을 강조하며 2030년까지 탄소 제로, 파리기후협약 재가입, 불법 이민자는 포용하는 정책으로 노동력 부족을 보완하는 정책을 썼다. 바이든 정부의 시그너처 법안은 인플레이션 감축법이었다. 약 7,400억 달러 규모 예산으로 진행된 이 법안은 이름과는 달리 원산지 조건 등을 충족할 경우 전기차 구매 시 보조금 최대 7,500달러를 지급한다. 이때 전기차 대상은 해외 전기차 생산회사가 미국에 공장을 짓고 조립하여 생산해야 하며, 배터리의 경우 일정 비율 이상을 미국에서 생산한 원료를 사용할 때 해당한다.

또한 칩스법을 통해 미국에서 생산하는 반도체 기업들에게 혜택을 주었다. 어찌 보면 트럼프의 미국 우선주의에 따른 기업의 리쇼어링(해외에 있는 미국 기업의 공장이 다시 미국 국내로 돌아오는 현상)을 장려하고, 해외 주요 기업(TSMC, 현대차 등)이 미국에서 공장을 짓고 생산하도록 유도하는 정책과 별 차이는 없다. 그것이 친환경이냐 아니냐의 차이뿐이다. 트럼프 입장에서도 중국을 제외하고는 미국에서 해외 기업이 공장을 짓겠다는데 친환경이든 아니든 무슨 상관일까?

금융 상품별 누적 수익률을 보면, 바이든의 탈전통 에너지 정책에도 불구하고 코로나 팬데믹 후유증에 따른 공급망 붕괴로 원자재 가격이 급등했으며, 2022년 러시아-우크라이나 전쟁 발발, 2023년

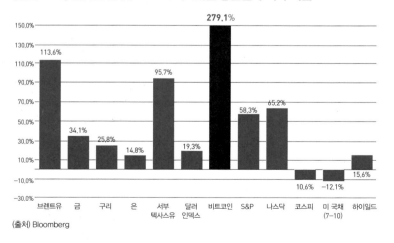

[그림 2-15] 바이든 정부(2021 ~ 2024) 4개년 상품별 누적 수익률

(출처) Bloomberg

말 이스라엘과 하마스, 그리고 헤즈볼라와의 전쟁으로 고유가를 유지하면서 원유 투자 시 높은 수익률을 얻을 수 있었다. 비트코인은 여전히 강세를 보였지만, 금리 인상과 전쟁에 따른 경기둔화 우려 시기에는 확실히 수익률이 하락하는 모습을 보였다. 긴축통화 정책에도 불구하고 미국의 경제력은 강했으며, AI 열풍을 불러일으키며 S&P 500은 강세를 이어 나갔다. 반면 국채 금리 상승으로 국채 수익률은 마이너스를 보인 것이 특징이다.

[표 2-1] 연도별 수익률

상품	2021년	2022년	2023년	2024년	계
브렌트유	65.6%	41.8%	−0.9%	7.2%	113.6%
금	−4.3%	−0.7%	12.8%	26.3%	34.1%
구리	27.0%	−13.5%	4.7%	7.6%	25.8%
은	−12.3%	2.6%	−0.3%	24.8%	14.8%
서부텍사스유	61.6%	24.9%	−2.0%	11.1%	95.7%
달러인덱스	6.4%	8.2%	−2.1%	6.8%	19.3%
비트코인	58.1%	−63.8%	153.0%	131.9%	279.1%
S&P	26.9%	−19.4%	24.2%	26.6%	58.3%
나스닥	21.4%	−33.1%	43.4%	33.4%	65.2%
코스피	3.6%	−24.9%	18.7%	−8.1%	−10.6%
미 국채(7–10)	−2.6%	−14.8%	5.4%	0.0%	−12.1%
하이일드	5.3%	−11.2%	13.4%	8.0%	15.6%

(출처) Bloomberg

유동성이 풍부한 바이든 정부 시기, 주식 섹터별 실적

일반적으로 금리 상승 구간에서는 시장에 돈이 회수되면서 빚을 내가면서 투자하는 활동이 줄어들게 마련이다. 그런데 바이든 정부 시기에는 시장에 유동성이 풍부했다. 특히 위기의 징조가 보일 때 정부나 연준이 위기 확산을 막기 위해 움직이는 속도가 빨랐다. 예를 들어 2023년 3월 서부 대표적인 지역은행인 실리콘밸리은행이 파산하고, 이것이 다른 지역은행으로 전염될 우려가 커지자 재무부, 연준, 예금보험공사 등 정부 기관에서 BTFP^{Bank Term Funding Program}를 발동하여 지역은행이 보유하고 있는 국채 및 정부보증 모기지

[그림 2-16] 업종별 누적 수익률[기간: 2021~2024]

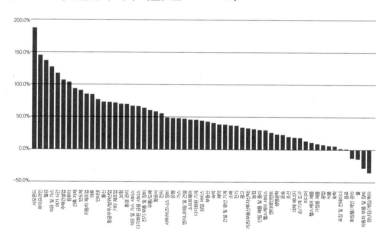

(출처) Bloomberg 재편집

채권을 액면 기준으로 담보로 받아 최장 1년간 대출해 줌으로써 조기에 위기를 막았다. 이 과정에서 유동성이 늘어났고, 일부 지역은행을 인수한 사모펀드와 금융기관은 후에 주가가 상승하면서 큰돈을 벌게 되었다.

그리고 트럼프 1.0 시절 태양광 주가가 급등하는 모습을 보였듯이, 바이든 정부 시절에는 전통 에너지 기업들의 실적이 두드러졌다. 반면 대체에너지 수익률은 4년간 누적 기준 18.7%에 그쳤다. 칩스법, AI 호조에 따라 엔디비아 등 반도체 업종이 호황을 누렸으며, 테슬라 등 전기차 업종도 수혜주였다.

PART

3

트럼프 2.0
주요 유망 ETF 상품

트럼프 2.0 시대는 대체로 트럼프 1.0과 유사한 정책을 실행할 것으로 예상한다. 트럼프 1.0 시대 주요 정책 및 2024년 대선 기간 중 그의 주요 공약을 토대로 주식, 채권, 상품(Commodity), 가상자산 중 다음 [표 3-1]과 같이 유망 ETF 상품을 소개한다. 여기서는 주로 미국 및 우리나라에 상장되어 있는 ETF 중심으로 소개한다. 왜냐하면 독자 여러분이 증권사를 통해 수월하게 거래할 수 있는 상품들이기 때문이다.

이 유망 상품 선정의 전제는 역대 어느 대통령보다 공약 이행률이 높았던 트럼프의 공약이 상당 부분 실천될 것으로 가정한 것이다. 한편 트럼프 1.0 시절 트럼프 정책은 불확실성 그 자체다. 주로 그가 먼저 결정하고 참모들이 이를 수정하는 과정에서 전혀 다른 정책들이 나왔기 때문이다. 따라서 트럼프의 공약과 경기 사이클이 현재 2025년 1월 시점과는 전혀 다른 상황이 연출될 수도 있다. 실제로 관세로 인한 국제 정세 불안에 따른 안전자산 선호 현상이 나타났고, 예상치 못한 코로나 팬데믹이 발생해서 한때 글로벌 경제활동이 올스톱된 적도 있었다. 따라서 트럼프 정책에 반하는 이벤트를 대비하는 상품도 일부 편입해서 가격 하락 리스크에 대비해야 할 것이다.

[표 3-1] 트럼프 2.0 시대 유망 ETF

구분	유망 섹터	대표상품 (미국)	대표상품 (한국)	근거
주식	S&P 500 (NASDAQ 100)	SPY QQQ	–	감세, 경기확장, 주요 업종 규제 완화 AI 성장세 및 규제 완화
	에너지	XLE	218420	석탄, 석유 등 전통 에너지 규제 완화
	금융	IYF	091170	바젤3 적용 유예 또는 폐기, 감세
	방위/우주산업 /조선	ITA	449450	지정학적 위험 고조, 국가전략 사업
	인프라/부동산 /건설	PAVE	139230	인프라 투자 확대, 우크라이나 재건
	AI/로봇/반도체 /양자	IYW	091160	바이든 정부 당시 AI 규제에 대한 행정명령 철회, 대중국 경쟁우위 확보
채권	인플레이션	TIP	–	감세, 관세정책, 정부 지출 증가 및 금리 인하 사이클
	단기 하이일드	SHYG	–	규제 완화, 친기업 정책
	장기채 커버드콜	TLTW	476550	금리 인하기에도 금리 박스권 유지
가상 자산	비트코인	BITX	–	트럼프 친가상화폐 정책 기대
	이더리움	ETHU	–	트럼프 친가상화폐 정책 기대

Chapter 1

주식형 ETF

미국 주가지수 관련 ETF

SPY

(SPDR S&P 500 ETF Trust)

트럼프 2024 대선 공약

> 감세, 정부 효율부 수장 일론 머스크의
> 규제 완화에 대한 기대감, 인프라 투자 확대

PART 1에서 살펴봤듯이 트럼프 1기 첫해인 2017년 감세 입법, 인프라 투자에 대한 기대감으로 S&P는 약 20% 상승했다. 2018년 기준금리 인상 및 대중 무역전쟁 여파 등으로 주가가 약간 하락했으나(전년 대비 -6.2%), 2019년 기준금리 인하 등으로 IT 기업 중심으로 주가가 상승했다(전년 대비 28.9% 상승). 1기 때와 유사하게 트럼프 2기 초기인 2025년 트럼프 행정부는 감세 법안을 통해 법인세를 낮추고 소득세 공제를 확대하는 등 기업의 수익을 높이고 가처분소득을 늘려 소비를 자극하는 정책을 쓸 것이다.

마찬가지로 인프라 투자를 늘리고 화석 연료에 대한 규제를 완화하여 관련 기업의 비용을 줄이는 효과를 기대한다. 1기 때와의 차이점은 일론 머스크의 등장이다. 1기 당시 트럼프와 대립했던 그는 지난 2024년 대선에서 트럼프에게 엄청난 선거자금을 기부하고 지지한 결과, DOGE 수장이 되었다. 그의 사업과 관련 있는 AI, 자율주행, 우주산업과 관련한 섹터의 혁신적인 규제 완화에 대한 기대감이 높아지고 있다.

트럼프 1기 때 트럼프와 IT 기업 CEO 간 사이가 좋지 않았다. 대부분의 IT 기업이 민주당의 텃밭인 캘리포니아주 실리콘밸리에 몰려 있는 것도 이유이고, 그를 지지하지 않는 반감으로 트럼프 1기 행정부(2기도 마찬가지)가 주요 CEO에 대해 공공연히 적대감을 드러낸 것도 이유이다. 그런데 바이든 행정부로 들어오면서 구글, 애플의 반독점법 위반에 대한 법무부 제소, 캘리포니아 현 주지사인 개빈 뉴섬이 지나치게 높은 세금을 부과하는 등 반발의 움직임을 보이면서 트럼프와의 관계가 달라질 조짐을 보이고 있다.

이러한 조짐은 트럼프 1기 때보다 더 강해진 트럼프가 그를 반대하는 CEO(예를 들면 메타의 마크 저커버그)는 감옥에 보내겠다는 등의 강경 발언에 진짜 그것을 할 수 있다는 위기감 등이 작용했는지도 모르겠다. 그들은 트럼프 대통령 당선을 공식적으로 축하하는 메시지를 보내는 등 화해 제스처를 보내고 있다. 현재 AI 호황 및 양자 기술과 같은 신기술이 미국을 중심으로 발전하고 있는 사이클과 결합하여 IT 기업들의 주가(비록 고평가되어 있으나)도 우상향하는 모습을 보일 것으로 예상한다.

SPY 분석

상품 개요

SPY는 스테이트 스트리트가 운용하는 S&P 500을 벤치마크로 추종하는 대표적인 주식형 ETF다. 인베스팅닷컴에 따르면 이 상품은 미국 대형 주식을 포함한 장기 포트폴리오를 구축하려는 투자자뿐만 아니라, 위험자산과 안전자산 간 전환 수단으로 적극적으로 트레이딩하는 투자자들에게 인기가 많다.

[표 3-2] 상품 주요 내용

운용사	출시일	시가총액(USD)	수수료(%)	벤치마크
스테이트스트리트	1993. 1. 22	6,284억(943조 원)	0.09	S&P 500

수익률 분석

[그림 3-1]과 같이 2013년 이후 지난 12년간 S&P 500 지수 하락 구간은 다음과 같다.

① 2018년 11~12월

② 2020년 2~3월

③ 2022년 1~6월

①과 ②가 트럼프 1기 정부(2017~2020) 기간 중 하락 구간이었는데, ①은 기준금리 인상 및 관세 부작용, ②는 코로나 팬데믹으로 인한 올스톱의 영향 때문이었다. 2025년 1월 현재, 트럼프 1기와 유사한 시절이 2017년이었는데 당시 감세, 규제 완화, 인프라 투자 기대감으로 미국 증시는 활황이었다. 이와 유사하게 2기 취임 초에도 상승 모멘텀이 크다고 할 수 있다.

[그림 3-1] 가격 흐름(2013. 1~2024. 12)

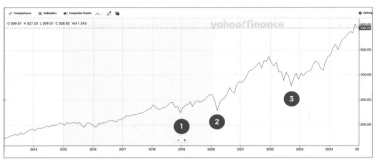

(출처) yahoo! finance

[표 3-3] 연도별 수익률(%)

오바마 2기				트럼프 1기				바이든 1기			
2013	2014	2015	2016	2017	2018	2019	2020	2021	2022	2023	2024
34.5	15.7	3.6	14.3	23.7	−2.3	33.1	19.9	30.0	−16.5	27.6	26.1

(출처) Bloomberg 재편집(배당수익 포함)

보유 종목 분석

트럼프 수혜 섹터인 IT^Technology, 금융^Financial service이 전체의 45%를 차

지하고 있다. 반면 민주당 수혜 섹터이면서도 트럼프가 지출 삭감 및 규제 대상으로 초점을 맞추고 있는 헬스케어 비중이 약 11%를 차지하고 있는 점은 주가 상승의 상쇄 요인이다.

[그림 3-2] 섹터 비중(상위 5개 섹터, 2024. 12. 31일 현재)

섹터		SPY
테크놀로지		32.63%
금융 서비스		13.44%
임의 소비재		10.91%
헬스케어		10.58%
통신 서비스		8.88%

(출처) yahoo! finance

유사 ETF 연도별 실적(2020~2024) 및 전망

SPY는 S&P 500을 추종하는 소극적인Passive ETF다. 소극적 ETF는 운용사의 운용 능력보다는 벤치마크의 움직임을 얼마나 똑같이 복제하고, 운용보수가 저렴하며, 시가총액이 큰 상품을 선정하는 것이 바람직하다. 따라서 굳이 SPY가 아니더라도 동일한 벤치마크를 추종하거나 기술주 중심의 나스닥 지수를 추종하는 ETF를 선택해서 투자해도 무방하다.

단, 국내에 상장되어 있는 동일 벤치마크의 ETF는 원/달러 환율에 따른 수익률 차이가 있다. 특히 2024년 중에는 국내 경기둔화 및

2024년 12월 계엄, 대통령 탄핵 등의 정치 불안까지 겹쳐 원화 약세가 나타나며 환차익이 반영되었다. 단, 트럼프 2.0 시대의 정책은 미국 기업들이 수출을 원활하게 하도록 약달러 정책을 선호할 것으로 예상되는 바 2024년도와 같은 환차익을 기대하기는 어려울 것으로 보인다.

[표 3-4] 유사 ETF 개요 및 실적 [단위: USD억, 억 원]

티커	운용사	벤치마크	시가 총액	수수료	수익률 (%)				
					2020	2021	2022	2023	2024
IVV	블랙록	S&P 500	USD5,920	0.03	18.4	28.8	−18.2	26.3	25.4
VOO	뱅가드		USD5,914	0.03	18.3	28.8	−18.2	26.3	25.5
360750	미래*		72,288	0.14	2.6	39.9	−16.1	28.5	41.6
379800	삼성*		45,751	0.16	−	25.6	−14.7	30.2	44.0
QQQ	인베스코	나스닥 100	USD3,223	0.20	48.6	27.4	−32.6	54.9	26.7
QQQM			USD393	0.15	−	27.5	−32.5	55.0	25.7
JEPQ**	JPM		USD210	0.35	−	−	−	36.2	24.3
133690	미래*		45,751	0.21	37.7	39.8	−30.8	60.6	44.3
379810	삼성*		17,734	0.20	−	29.1	−30.5	61.8	45.7
426030***	타임폴리오		2,359	1.26	−	−	−14.9	75.3	84.4

* 원/달러 환위험 노출

** 커버드콜: '나스닥 100 지수 콜옵션 매도+나스닥 100 지수 구성' 주식 매입으로 구성된 상품으로 대표적인 배당 ETF다. 즉 주가가 횡보를 보이는 시장에서 자본차익으로 수익을 기대하기 힘들 때, 콜옵션 매도를 통한 프리미엄과 주식 매입을 통한 배당수익을 합친 안정적인 현금흐름을 가져가기 위한 전략으로 투자자들이 찾는 상품이다.

*** 이 상품은 원칙적으로 나스닥 지수를 추종하나 운용역의 재량에 따라 자유롭게 종목을 선정, 매매하는 적극적(액티브) ETF다.

(출처) https://etfdb.com/etf/JEPQ/#etf-ticker-profile, yahoo! finance, 한국거래소 정보시스템

에너지 관련 ETF

XLE

(The Energy Select Sector SPDR Fund)

트럼프 2024 대선 공약

> 드릴, 베이비, 드릴!
> 화석에너지 증산을 위한 시추 지원 및 규제 완화, 에너지 인프라 지원

에너지 산업은 업스트림Upstream, 미드스트림Midstream, 다운스트림 Downstream으로 구분한다. 업스트림은 원유가 매장되어 있는 곳을 탐사하고 있을 것으로 추정되는 곳을 시추하여 생산하는 단계를 말한다. 우리나라 영일만 인근 '대왕고래' 프로젝트와 관련한 사업이 업스트림의 대표적 예이다.

미드스트림은 생산 가능한 곳에서부터 육상 또는 해상으로 운송 가능한 곳까지 파이프라인 등을 이용하여 원유를 보내고 정제시설 저장설비에 저장하는 사업을 의미한다. 마지막으로 다운스트림은

원유를 정제하고 도·소매 방식으로 판매하는 사업을 말한다.

트럼프 대통령의 구상은 화석에너지 시추를 통한 생산을 독려함으로써 미국이 OPEC+과 같은 타 산유국의 정책에 의해 휘둘리지 않는 '에너지 독립'을 이루겠다는 것이다. 그리고 원유 생산 증가로 인한 가격 안정화를 꾀하겠다는 것이다. 유가는 안정화되면서 원유를 시추, 운송, 정제하는 비용이 정부의 재정 지원 및 감세 정책에 따른 공제 확대로 감소할 것으로 예상된다. 따라서 업스트림과 미드스트림 기업이 다운스트림 기업 대비 수익성이 더 높을 것으로 필자는 전망한다.

그러나 에너지 기업의 수익성을 결정하는 절대적 요인인 유가는 러시아-우크라이나 종전 등의 지정학적 요인 개선 및 미국을 제외한 주요 선진국들의 경기둔화로 하락할 것으로 보이는 점은 에너지 ETF의 수익성을 제한하는 요인이다.

XLE 분석

상품 개요

이 상품은 스테이트스트리트가 운용하는 ETF로, S&P에 상장된 미국 소재 대형 에너지 기업들로 구성되어 있는 Energy Select Sector Index(벤치마크)를 95% 이상 복제한 상품이다. 이 산업은 석유, 가스, 소비 원료, 에너지 장비 및 서비스 등을 포함한다.

[표 3-5] 상품 주요 내용

운용사	출시일	시가총액(USD)	수수료(%)	벤치마크
스테이트스트리트	1998. 12. 16	379억 1,000만 (57조 원)	0.09	S&P Energy Select Sector

수익률 분석

금융 위기 이후 미국의 셰일가스 붐으로 시장점유율을 상당 부분 뺏길 것을 우려한 사우디아라비아 중심의 OPEC+에서 2014년부터 무제한 증산을 통한 가격 인하에 나섰다. 셰일가스 생산업체 중심의 업스트림 업체들과 업스트림부터 다운스트림 사업을 모두 보유하고 있는 엑손모빌 등 미국 대형 에너지 기업들의 수익성이 유가 급락과 더불어 급격히 떨어지면서 이에 따라 관련 주가도 하락했다.

코로나 팬데믹 이후 에너지 생산 시설 및 인력 부족, 공급망 붕괴 등으로 2020년 말을 저점으로 가격이 상승하기 시작했고, 2022년 초 러시아-우크라이나 전쟁으로 유가가 최고 125달러/배럴까지 상승하면서 이 상품 가격은 상승으로 전환했다.

트럼프 2기 정책은 유가 상승에 기인하기보다는 정부의 규제 완화, 채굴 및 인프라 시설에 대한 재정 지원 등 비용 절감 측면에서의 매출 증가, 마진 증대를 기대할 수 있다. 그러나 미국의 신규 셰일가스 기업들이 채굴을 위해서는 적어도 유가가 서부텍사스유WTI 기준 배럴당 70달러 이상은 유지해야 수익을 얻을 수 있다는 점을 고려해야 한다.

[그림 3-3] 가격 흐름(2013. 1~2024. 12)

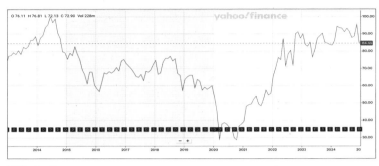

(출처) yahoo! finance

[표 3-6] 연도별 수익률[%]

오바마 2기				트럼프 1기				바이든 1기			
2013	2014	2015	2016	2017	2018	2019	2020	2021	2022	2023	2024
28.9	−5.2	−16.6	31.2	3.3	−13.5	20.1	−26.1	58.0	68.3	3.0	8.9

(출처) Bloomberg 재편집 (배당수익 포함)

[그림 3-4] 미국 유정 상태에 따른 미국 석유 및 가스 생산업체가 수익성을 유지하기 위해 필요한 평균 WTI[서부 텍사스유] 가격[2024년 기준]

[단위: 달러/배럴]

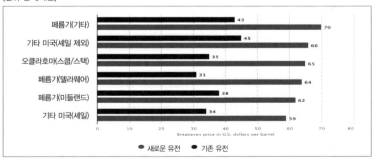

(출처) statista (https://www.statista.com/statistics/748207/breakeven-prices-for-us-oil-producers-by-oilfield/, 2025. 1. 2 현재)

[그림 3-3]은 미국 원유 시추 및 생산을 위한 서부텍사스유 기준 최저 가격을 나타낸 것이다.

보유 종목 분석

엑손모빌XOM 및 쉐브론CVX 등 3개 스트림을 보유하고 있는 대형 에너지 기업의 비중이 약 37%를 차지하고 있다. 뒤를 이어 코노코필립스ConocooPhillips, COP가 약 7.9%를 차지하고 있다. 엑손모빌과 쉐브론이 다운스트림에 매출이 집중되어 주로 유가에 따라 주가의 영향을 받는 반면, 코노코필립스는 업스트림 및 미드스트림에 치중되어 있어 트럼프의 화석에너지 채굴 지원 정책의 수혜주로 가격 상승이 기대된다.

[그림 3-5] 섹터 비중(상위 5개 섹터, 2024. 12. 31일 현재)

심볼	회사	자산 %
XOM	엑손모빌 코퍼레이션	**21.28%**
CVX	쉐브론 코퍼레이션	**15.46%**
COP	코노코필립스	**7.93%**
WMB	윌리엄스 컴퍼니즈	**4.86%**
OKE	원오크	**4.52%**

(출처) yahoo! finance

유사 ETF 연도별(2020~2024) 실적 및 전망

트럼프의 대선 공약이 효과를 나타낸다면 유가는 보합 내지는 하락할 것으로 보인다. 따라서 정제와 판매를 포함하는 다운스트림에 치중한 ETF보다는 채굴을 독려하기 위한 각종 규제 및 세제 완화로 업스트림 및 미드스트림에 치중한 ETF가 더 유망할 것으로 보인다.

[표 3-7] 유사 ETF 개요 및 실적[단위: USD억]

티커	운용사	구분	시가 총액	수수료	수익률(%)				
					2020	2021	2022	2023	2024
AMLP	앨러리언	Mid	97.4	0.85	−15.2	50.0	34.5	29.9	30.5
VDE	뱅가드	종합	76.2	0.10	−27.5	60.9	66.8	3.5	10.0
EMLP	퍼스트 트러스트	Mid	29.8	0.96	−7.9	26.9	13.8	12.1	36.6
MLPX	글로벌X	인프라	24.4	0.45	−12.6	44.8	26.0	20.0	46.2
XOP	스파이더	Up	22.5	0.35	−33.8	68.5	48.0	6.2	1.4
MLPA	글로벌X	Mid	16.8	0.45	−15.0	50.6	35.5	24.0	27.6
OIH	밴에크	설비	15.3	0.35	−39.9	22.2	67.2	4.6	−8.5
FENY	피델리티	종합	15.0	0.08	−27.9	59.7	66.5	3.4	9.7
IYE	블랙록	종합	12.7	0.39	−28.1	56.7	63.8	0.9	8.8

(출처) Bloomberg 재편집 (배당수익 포함)

국내 상장 ETF

한국거래소에 상장되어 있는 에너지와 관련한 국내 ETF는 총 4개 종목이 있다(시가총액 100억 원 이상). 그중 국내 에너지 및 화학 업종으로 구성된 ETF는 'KODEX 에너지화학(117460)' 및 'TIGER 200

에너지화학(139250)' 종목이 있다. 국내 상장 에너지 ETF 개요는
[표 3-8]과 같다.

[표 3-8] 국내 상장 에너지 ETF 현황(2024년 12월 말 기준)

종목 코드	종목명	운용사	시가 총액 (억 원)	수수료 (%)	벤치마크
218420	KODEX 미국 S&P500에너지 (합성)	삼성	251	0.21	S&P Energy Select Sector
117460	KODEX 에너지화학	삼성	195	0.45	KOSPI200 에너지 /화학
219390	RISE 미국 S&P원유생산기업 (합성 H)	케이비	136	0.25	S&P Oil & Gas E&P Select Industry Index(PR)
139250	TIGER 200 에너지화학	미래	131	0.34	KOSPI200 에너지 /화학

(출처) 한국거래소 정보데이터시스템

　2017년 트럼프 1기 시작 이후의 연도별 수익률은 [표 3-9]와 같
다. 국내 에너지 기업은 원유 전량을 해외에서 수입해서 정제 후 판
매하는 다운스트림 구조다. 따라서 국내 경기가 활성화되고 원화가
달러 대비 강세를 보일 때(수입품은 원화 강세일 때 원가를 낮출 수 있
다) 수익이 늘어난다.

[표 3-9] 국내 ETF 수익률(2017~2024)

종목 코드	운용사	2017	2018	2019	2020	2021	2022	2023	2024
218420	삼성	−15.1	−16.5	10.6	−39.5	59.4	61.9	2.1	13.0
117460	삼성	34.9	−15.3	−3.6	64.7	10.8	−21.0	15.6	−38.9
219390	케이비	−11.9	−29.0	−15.8	−40.0	74.4	34.1	4.9	−9.5
139250	미래	34.5	−13.6	−3.5	50.8	6.4	−17.1	1.2	−34.1

(출처) Bloomberg 재편집 (배당수익 포함)

트럼프 1기 초기인 2017년, 미국의 감세에 따른 경기확장, 반도체 슈퍼 사이클 진입 시기, 그리고 약달러 시대를 맞아 국내 에너지 기업으로 구성된 ETF가 높은 수익을 얻었던 이유이다. 트럼프 2기 초기에도 외부 환경은 비슷하나, 국내의 정치적 혼란에 따른 원화 약세가 두드러져 원유 수입에 의존하는 국내 에너지 기업의 경우, 원가가 상승하여 수익 하락이 불가피하다. 따라서 관련 ETF 투자는 피하는 것이 바람직하다.

또한 시가총액이 가장 큰 'KODEX 미국S&P500에너지' ETF의 시가총액이 250억 원 수준이어서 기관투자자 등이 대량 매매하기에는 유동성이 없다(일반적으로 2,000억 원 이상[달러 기준 2억 달러] 이어야 기관투자자들이 최소 100억 원 이상 매매가 가능하다).

금융 관련 ETF

IYF

(iShares U.S. Financials ETF)

트럼프 2024 대선 공약

> 트럼프 1.0과 같은 금융 규제 완화 기조

트럼프 1기 정부에서 트럼프 대통령은 오바마 시절 대표적인 금융 규제 법안인 '도드-프랭크법'을 완화한 바 있다. 도드-프랭크법의 핵심은 금융기관이 자기자본으로 고위험 파생상품 투자를 규제하는 것을 핵심으로 한다. 2기 정부에서도 주요 금융 규제를 완화할 것으로 예상한다. 사실 바이든 정부인 2023년 3월 미국의 대형 지역은행인 실리콘밸리은행이 파산하고, 이 위험이 미국의 타 대형 지역은행으로 번질 위험이 생기면서 연준과 재무부 등 금융당국에서 긴급 유동성을 제공한 일이 있었다.

이후 스트레스 테스트(즉 금융 위기 수준의 상황이 도래하였을 때 금융기관의 주요 지표를 점검함으로써 위기 대응 정도를 테스트하는 정책) 의무가 있는 금융기관의 자본금 기준을 낮췄다. 트럼프 대통령 집권 후 이런 스트레스 테스트가 의무인 금융기관의 자본금 기준이 다시 올라갈 것으로 예상한다. 또한 2025년 시행 예정인 바젤3(재정적 불안정성을 보완하기 위해 더 많은 자기자본을 비축하는 개혁) 시행을 유보하여 금융기관이 높은 위험자산에 투자할 수 있도록 할 것이다.

그리고 기준금리 추가 인하로 장기 금리와 단기 금리 차이가 확대되면서 단기로 차입하고 장기로 대출해 주는 은행 특성상 이자마진(Net Interest Margin, NIM)이 높아지며, 은행 수익성도 제고될 것으로 기대한다. [그림 3-6]은 미 국채 10년과 국채 3개월간 장·단기 금리 차이를 나타낸 것이다. 0보다 크면 장기 금리가 단기 금리보다 높음을

[그림 3-6] 미 국채 장·단기(10년-3개월) **금리 추이**(2013. 1~2024. 12)

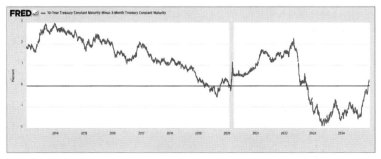

(출처) 세인트루이스 연은

알 수 있다(금리는 하락 추이에 있으면서 장·단기 금리 차이가 (+) 방향으로 커질수록 은행의 예대마진이 커져 수익성이 좋아진다).

IYF 분석

상품 개요

이 상품은 블랙록의 관계사이자 ETF 전문 운용사인 아이쉐어즈가 운용하는 ETF로, 미국 금융기업들로 구성되어 있는 Russell 1000 Financials(벤치마크)에 속한 종목에 최소 80% 이상 투자한 상품이다. 이 산업은 은행, 카드, 자산운용사, 증권사 등을 포함한다.

[표 3-10] 상품 주요 내용

운용사	출시일	시가총액(USD)	수수료(%)	벤치마크
블랙록	2000. 5. 22	36억 2,000만 (5조 4,000억 원)	0.40	Russell 1000 Financials

수익률 분석

금융 위기를 일으킨 장본인은 금융기관이다. 그런데 금융 위기를 극복하는 과정에서 정부의 온갖 지원을 받으면서 성장한 업종이 아이러니하게 금융이다. 금융업은 규제 업종이면서 거시경제와 가장 밀접한 관계가 있는 업종이다. 오바마 8년, 바이든 4년 등 민주당 정부 집권 시에도 금융 및 실물경제가 위기를 맞으면 언제든지 금융당국(연준이나 재무부)이 돈을 풀면서 위기를 알아서 막아 줬다. 그러면 잠시 주춤한 주가가 다시 반등한다. 트럼프 1기 때, 2017년부터 감세 및 도드-프랭크법 규제 일부 폐지 등의 기대감으로 주가는 강세를 보였다. 단, 경기침체 우려가 있었던 2018년 및 2022년에는 하락세였다.

[그림 3-7] 가격 흐름[2013. 1~2024. 12]

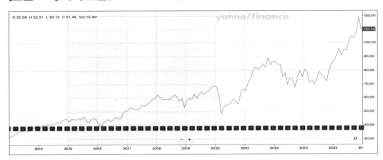

(출처) yahoo! finance

[표 3-11] 연도별 수익률[%]

오바마 2기				트럼프 1기				바이든 1기			
2013	2014	2015	2016	2017	2018	2019	2020	2021	2022	2023	2024
35.6	15.8	1.5	18.9	21.2	−7.3	33.6	0.8	32.9	−9.4	17.0	32.6

(출처) Bloomberg 재편집 (배당수익 포함)

보유 종목 분석

버크셔해서웨이는 워런 버핏과 동일시되는 회사다. 그가 어떤 종목

을 매입하고 매도하는지에 따라 투자자들의 투자 방향이 결정될 정
도이다. 그 밖에 JP 모건, 뱅크오브아메리카Bank of America 등 미국을 포
함한 글로벌 대형 은행들의 비중이 높은 상품이다. 종목 고유의 위
험뿐만 아니라 거시경제, 금융 규제 흐름을 보면서 이 상품의 투자
를 결정하는 것이 중요하다.

[그림 3-8] 섹터 비중(상위 5개 섹터, 2024. 12. 31일 현재)

심볼	회사	자산 %
BRK-B	버크셔해서웨이	**11.66%**
JPM	JP모건체이스	**9.70%**
BAC	뱅크오브아메리카	**4.63%**
WFC	웰스파고&컴퍼니	**4.33%**
GS	골드만삭스 그룹	**3.10%**

(출처) yahoo! finance

유사 ETF 연도별 실적(2020 ~ 2024) 및 전망

트럼프 2기 때도 트럼프 1기 때와 비슷한 감세 및 금융 규제 완화(대
표적 규제론자인 게리 갠슬러가 SEC 의장에서 물러난 것만 해도 규제 완화
의 반은 완성한 셈이다)로 금융주는 계속 강세를 보일 것으로 예상한
다. 2023년 위기 이후 반등하고 있는 지역은행의 전망이 대형 은행
대비 우세하다.

[표 3-12] 유사 ETF 개요 및 실적(단위: USD억)

티커	운용사	구분	시가총액	수수료	수익률 (%)				
					2020	2021	2022	2023	2024
XLF	스테이트 스트리트	대형	477.0	0.09	0.4	36.5	−8.5	13.8	32.0
VFH	뱅가드	대형	114.5	0.10	0.5	37.2	−9.9	16.3	32.2
KRE	스테이트 스트리트	지역	49.7	0.35	−4.3	41.4	−12.4	−4.5	21.2
KBE	스테이트 스트리트	대형/지역	23.2	0.35	−6.0	35.8	−11.7	8.1	26.1
FNCL	피델리티	대형	20.7	0.08	0.3	36.8	−9.9	16.0	32.0
KBWB	인베스코	대형/지역	27.0	0.35	−7.5	40.1	−18.4	2.1	39.2
IYG	블랙록	대형	15.8	0.39	2.3	31.4	−14.6	17.9	33.1
BIZD	VanEck	BDC*	13.8	13.33	8.6	47.6	5.5	39.2	26.6
FXO	퍼스트 트러스트	액티브**	20.3	0.61	8.8	39.8	−6.6	12.3	29.7

* Business Development Company(기업 성장 집합 투자기구)

** 전통적인 금융 섹터 벤치마크보다 초과 수익을 얻기 위한 지수(AlphaDex: StrataQuant Financials Index)를 설정하여 적극적인 매매 전략으로 초과 수익 추구

(출처) Bloomberg 재편집(배당수익 포함)

국내 상장 ETF

순수 국내 금융기관으로 구성된 상장 금융 ETF는 [표 3-13]과 같다. 은행 ETF를 제외하고 시가총액 규모가 크지 않아 대규모 거래 시 유동성에 주의를 요한다.

국내 은행의 경우 미국과 달리 고질적인 저PBR 기업군(순자산 [자산-부채] 대비 기업 가치가 낮은 기업군)으로 분류되었다. 그러다가

[표 3-13] 국내 상장 금융 ETF 현황(2024년 12월 말 기준)

종목코드	종목명	운용사	시가총액(억 원)	수수료 (%)	벤치마크
091170	KODEX 은행	삼성	3,169	0.30	KRX 은행
102970	KODEX 증권	삼성	332	0.45	KRX 증권
140700	KODEX 보험	삼성	293	0.45	KRX 보험

(출처) 한국거래소 정보데이터시스템

2024년 정부 주도의 밸류업 프로그램으로 자사주 매각 및 배당 정책에 초점을 맞추는 노력으로 대체로 주가가 상승하는 모습을 보였다. 그러나 2025년 이후, 구조적인 국내 경기둔화 흐름과 정치 혼란은 거시경제의 영향을 받는 국내 금융주에 악영향이다. 특히 2024년 중 정부 주도로 진행한 밸류업 프로그램이 대통령 탄핵 및 조기대선 가능성 등 정치적 불확실성이 커지면서 이 프로그램의 지속 여부가 불투명하다. 따라서 트럼프 2기 미국 금융기관 주가와 달리 국내 금융 ETF 가격은 하락 예상한다.

[표 3-14] 국내 ETF 수익률(%, 2017~2024)

종목 코드	운용 사	2017	2018	2019	2020	2021	2022	2023	2024
091170	삼성	36.7	−11.0	5.5	−3.0	29.2	−6.2	20.1	34.5
102970	삼성	37.3	−11.0	15.2	21.2	17.5	−17.2	24.0	19.1
140700	삼성	19.0	−12.5	−12.1	−2.2	20.5	18.6	19.1	27.2

(출처) Bloomberg (배당수익 포함)

방위산업, 우주산업 관련 ETF

ITA
(iShares U.S. Aerospace & Defense ETF)

트럼프 2024 대선 공약

미국 군사력 재건을 위해 국방예산 대폭 증액
중동 및 중국-대만 양안 갈등 등 지정학적 위험 고조
우방국 앞 방위비 증대 요구
유인 우주선, 달과 화성에 보내며 민간 우주 부문과의 협력 강화

트럼프 1기 때 기본적으로 대외 정책에 관여하지 않고 각국이 자신의 안보를 스스로 책임지라고 한 것이다. 이와 동시에 그는 자국의 무기를 사도록 하는 '무기 세일즈맨'의 모습을 보였다. 우주 분야에 있어서는 1993년 냉전 종식과 더불어 해체된 국가우주위원회 National Space Council를 1기 재임 중인 2017년 재건했으며, 유인 화성 탐사에 앞서 유인 달 탐사를 통해 인간의 화성 거주를 위한 기술을 축적하고(달 유인 착륙 프로그램 아르테미스), 우주군을 창설하는 등 우

주산업에 대한 열의를 보이기도 했다.

트럼프 2기 때도 방위 및 우주산업이 호조를 보일 것으로 예상한다. 트럼프 대통령은 Agenda 47[16]에서 미국의 고갈된depleted 군대를 재건하고 군인 모집 위기를 해결하여 자랑스러운 문화와 미군의 명예를 회복하겠다는 청사진을 제시했다. 이를 위해서 국방예산을 드라마틱하게 증액할 것이며, 우크라이나 재건 비용을 유럽 우방국들이 지불하도록 압력을 가할 것임을 밝혔다.

이와 함께 우방국의 안보를 위해 안보 비용을 더 많이 지불해야 할 것이라고 공공연하게 말했다(한국을 '머니머신Money Machine'이라고 하면서 주한미군 주둔 비용을 한국이 더 많이 내라고 압력을 가할 것이라고 한 인터뷰가 대표적 예이다). 우방국에게 안보는 스스로 책임지라는 말은 방위산업에 예산을 증액해야 한다는 말이다.

우주 분야에 있어서는 2024년 7월 전당대회에서 확정한 정강 정책에 요약되어 있다. 우주비행사를 달과 화성에 보내고 민간 우주 부문과의 협력을 강화해 우주에 접근하고 거주하며 우주 자산을 개발하는 능력을 혁신적으로 발전시킨다는 것이 우주산업 지원의 골자이다.[17]

이 내용을 보면 일론 머스크가 생각난다. 2029년 화성 이주 프

---

16 Agenda 47 : Rebuilding America's Depleted Military

17 한겨레, '트럼프 2기, '우주군 공격력 강화' 힘 실린다', 2024. 11. 20 내용 인용

로젝트를 계획하고 있는 그는 스페이스X를 통해 트럼프의 우주 정책에 발맞추어 유인 우주선을 발전시키고(트럼프의 반대편에 있는 제프 베조스 전 아마존 CEO가 보유한 블루오리진Blue Origin이라는 우주 탐사 기업도 있다), 스타링크를 통해 화성에 인터넷을 공급하여 화성 내에서 테슬라 같은 전기차가 운송수단으로 쓰는 계획을 트럼프 2기 정부의 우주 정책과 긴밀히 연결되어 추진할 수 있을 것이다. 그가 DOGE 수장으로 있는 동안, 우주산업에 걸림돌이 된다고 생각하는 규제(예를 들면 우주선 발사를 위한 엄격한 프로세스)를 획기적으로 완화할 것으로 기대한다.

ITA 분석

상품 개요

이 상품은 블랙록의 관계사이자 ETF 전문 운용사인 아이쉐어즈가 운용하는 ETF로 S&P 다우존스지수가 정의한 미국 주식시장에 상장된 항공우주 및 방위산업 기업들로 구성되어 있는 Dow Jones U.S. Select Aerospace & Defense Index(벤치마크)를 추종한다.

[표 3-15] 상품 주요 내용

운용사	출시일	시가총액(USD)	수수료(%)	벤치마크
블랙록	2006. 5. 1	61억 8,000만 (9조 3,000억 원)	0.40	Dow Jones U.S. Select Aerospace & Defense Index

이 상품은 자산의 최소 80% 이상 지수 구성 종목 및 이와 실질적으로 동일한 경제적 특성을 가진 대상에 투자한 상품이다.

수익률 분석

우주산업은 미래산업으로 막대한 비용이 들어감에도 불구하고 성장 잠재력이 무궁무진하다는 점이 주가에 긍정적인 영향을 미쳤다. 한편 방위산업은 트럼프 1기 이후 대중 무역전쟁, 이란과의 핵협정 탈퇴 등 불확실한 정세가 이어지면서 각국의 '각자도생' 차원의 방위비 지출이 늘어나는 추세이다. 트럼프 1기 때 이 상품의 수익률은 취임 초 공약에 대한 이행 기대 및 감세 등의 친기업 행보를 보인 2017년, 금리 인하로 전반적으로 주식시장이 활황인 2019년에 높은 수익률을 보였다. 반면 금리 인상기인 2018년 및 코로나 팬데믹으로 경제활동이 일시 멈췄던 2020년은 마이너스 수익률을 보였다.

[그림 3-9] 가격 흐름(2013. 1~2024. 12)

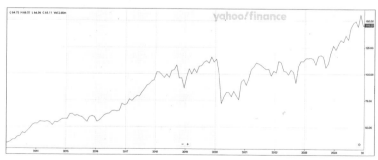

(출처) yahoo! finance

[표 3-16] 연도별 수익률[%]

오바마 2기				트럼프 1기				바이든 1기			
2013	2014	2015	2016	2017	2018	2019	2020	2021	2022	2023	2024
58.2	11.2	5.3	21.4	36.2	−6.0	32.1	−12.5	10.2	10.9	15.3	16.7

(출처) Bloomberg 재편집 (배당수익 포함)

보유 종목 분석

벤치마크의 비중과 유사하게 GE, RTX Corporation, 록히드마틴, 엑손Axon, 하우멧 에어로스페이스Howmet Aerospace 순의 비중을 보이고 있다. GE, RTX, 록히드마틴은 군 전투기와 항공기, 이와 관련한 부품을 제조하는 기업이다. 엑손은 테이저건, 탐사용 카메라 등을 제조하는 기업이다. 그리고 하우멧Howmet은 제트기 엔진, 패스너, 우주 관련 제품을 제조한다.

[그림 3-10] 섹터 비중[상위 5개 섹터, 2024. 12. 31일 현재]

심볼	회사	자산 %
GE	GE에어로스페이스	**17.83%**
RTX	RTX코퍼레이션	**14.63%**
LMT	록히드마틴코퍼레이션	**9.41%**
AXON	엑손엔터프라이즈	**7.29%**
HWM	하우멧에어로스페이스	**5.12%**

(출처) yahoo! finance

유사 ETF 연도별(2020 ~ 2024) 실적 및 전망

[표 3-17]의 ETF는 ARKK를 제외하고 방위산업 분야에 비중이 높다. 2024년 본격적으로 거래된 SHLD가 PPA, XAR보다 수익률이 높은 이유는 2024년 380% 이상 상승한 팔란티어 비중이 높기 때문이다. 한편 ARKK는 테슬라, 코인베이스(가상자산거래소), 로쿠VOD 등 방위산업과는 거리가 먼 '혁신 기업'을 보유한 운용역이 적극적으로 운용하여 수익을 추구하는 적극적 ETF다.

트럼프 2.0 시대 방위 및 우주산업은 그의 공약이 원활하게 이행될 것으로 기대가 된다. 그리고 이미 1기 정부 시절, 그가 방위 및 우주산업에 열정을 보인 점을 기억한다. 따라서 향후 미래는 밝다. 방위산업이 록히드마틴이나 보잉처럼 전투기를 만드는 산업뿐만 아

[표 3-17] 유사 ETF 개요 및 실적(단위: USD억)

티커	운용사	구분	시가총액	수수료	수익률(%)				
					2020	2021	2022	2023	2024
PPA	인베스코	방산/우주	44.5	0.57	1.4	7.7	10.4	19.1	25.9
XAR	스테이트스트리트		26.4	0.35	6.8	3.2	−4.5	24.3	24.0
SHLD	GLOBAL X		6.6	0.50	−	−	−	−	35.6
ARKK	아크인베스트	혁신기업	62.5	0.75	154.4	−22.6	−67.0	67.6	8.4

(출처) Bloomberg 재편집

니라 정보기술, 드론 등 신산업까지 아우른다는 점에서 트럼프 2기 때뿐만 아니라 장기적으로도 성과가 우수한 종목군으로 기대한다. 또한 이들 산업군은 금융 업종이나 소위 차화정(자동차, 화학, 정유) 업종과 같이 거시경제에 직접적인 영향이 높은 산업군이 아니다. 지정학적 상황(방위산업), 그리고 미지의 영역 개척(우주산업)이라는 특수성을 가진다.

국내 상장 ETF

"미국 경제 전문 잡지 〈포춘〉은 'K-방산'을 우리나라의 미래 먹거리라고 소개했다. 우리나라 방위산업 수출 액수는 100 억 달러다. 수출액은 전년 대비 30% 이상 급증했고 앞으로 무기 수출은 더욱 증가할 것이라고 예측했다.

최근 수출한 폴란드에 이어 다른 나라에서도 우리나라 무기에 대한 관심이 집중되고 있다. 그 이유는 북대서양조약기구 NATO에서 우리나라를 주목했기 때문이다. NATO에 무기를 수출하는 아시아 국가 중 우리나라가 유일하다." (이하 생략)

(출처) 한국뉴스투데이, "'한국 무기 어디 없소?' 날로 인기 높아지는 K-무기', 2022. 9. 26

K 방산이 인기다. 러시아-우크라이나 전쟁이 시작된 2022년 이후 주요국 정부에서 우리나라의 무기를 구매하는 사례가 증가하고 있다. 또한 2024년 트럼프 대통령 당선 후 우리나라 정상과의 전화

통화에서 우리나라의 조선산업을 치켜세우며 당선 후 선박 건조 등의 도움을 요청한 것으로 알려지면서 조선산업에 대한 관심이 커지고 있다.

[표 3-18]은 국내에 상장된 방위산업 및 조선 관련 ETF 현황이다. 타임폴리오자산운용이 운용하는 '글로벌 우주테크 & 방산 액티브' ETF를 제외하고 모두 국내 기업 중심의 상품이다.

[표 3-18] 국내 상장 금융 ETF 현황(2024년 12월 말 기준)

종목코드	종목명	운용사	시가총액(억 원)	수수료(%)	벤치마크
449450	PLUS K방산	한화	2,404	0.51	FnGuide K-방위산업 지수
478150	글로벌 우주테크&방산액티브	타임폴리오	806	0.92	Solactive Aerospace and Defense USD Index PR
466920	SOL 조선TOP3플러스	신한	4,801	0.51	FnGuide 조선TOP3플러스 지수(PR)
494670	TIGER 조선TOP10	미래	649	0.36	iSelect 조선TOP10 Index(PR)

(출처) 한국거래소 정보데이터시스템

[표 3-18]의 상품들은 방위산업, 우주산업 전망과 트럼프 2.0 시대 조선업이 국내 대표적인 수혜 업종으로 떠오르고 있는, 2023년 이후 새롭게 만들어진 테마형 상품이다. 이러한 기대감을 반영한 이유로 국내 경기둔화 위기에도 불구하고 2024년 높은 수익률을 시현했다. 앞으로 트럼프 2.0 시대의 밝은 전망뿐만 아니라 국내외

거시경제에 상대적으로 덜 영향을 받는 업종인 점, 국내 정치 불안 및 세계 곳곳에서의 분쟁 가능성 등 지정학적 위험이 고조되는 상황에서 국내 업종 중 손꼽히는 유망 상품들이라고 말할 수 있다.

[표 3-19] 국내 ETF 수익률(%, 2024)

종목코드	운용사	2017	2018	2019	2020	2021	2022	2023	2024
449450	한화	–	–	–	–	–	–	21.2	55.9
478150	타임 폴리오	–	–	–	–	–	–	–	39.5
466920	신한	–	–	–	–	–	–	–4.9	61.5
494670	미래	–	–	–	–	–	–	–	26.0

(출처) FUNETF (https://www.funetf.co.kr/), 블룸버그 (배당수익 포함)

인프라, 부동산 및 건설 관련 ETF

PAVE

(Global X U.S. Infrastructure Development ETF)

트럼프 2024 대선 공약

> 트럼프 1.0 시대와 마찬가지로 에너지 등 기간산업에 대한 인프라 투자 확대
> 감세, 재정 지출, 그리고 모기지 금리 낮추기 위한 규제 완화
> '취임 후 24시간 이내 러시아-우크라이나 전쟁을 멈추게 하겠다.'

트럼프가 첫 번째 대통령으로 당선되었던 날 2016년 11월, 대선 수락 연설에서 돈을 의미하는 엄지와 검지를 동그랗게 하는 제스처를 반복하며 이렇게 말했다.

"미국의 인프라 투자를 위해 1조 5,000억 달러 규모의 재정
지출을 서두를 것입니다."

트럼프 대통령을 정책 측면에서 연상할 때 빠지지 않는 단어가 '인프라infrastructure'이다. 2기 정부에서도 마찬가지다. 감세 그리고 재

정 정책을 통해서 기업들의 생산과 설비투자를 끌어내고, 해외에 있는 미국 기업의 생산기지뿐만 아니라 글로벌 기업들의 미국에서의 생산기지 확대(이 부분은 바이든 행정부와 동일하다)를 독려할 것이다.

화석에너지 부흥 계획 이외에도 트럼프 대통령은 친환경 에너지의 대안으로 원자력을 십분 활용할 것이다. 그는 원전산업 확대를 표명하면서 원자력규제위원회NRC 현대화와 소형 모듈 원자로SMR 기술에 대한 투자 확대 등을 대선 공약으로 내세웠다.[18]

트럼프 대통령의 인프라 지원 기대는 부동산 시장을 자극한다. 원래 트럼프 일가는 부동산 개발을 통해 부를 일군 집안 아닌가? 트럼프 2기 정부의 핵심 정책이 이전 바이든 정부와는 형태는 다를지 몰라도 결국 '돈 풀기'다. 여기에 감세와 관세에 따른 구축 효과[19] 우려가 있지만, 규제 완화 및 연준의 기준금리 인하(압력)를 통해 주택담보대출 금리를 낮추겠다고 한다. 그리고 주택 공급을 늘리겠다는 공약 등은 부동산 관련 기업 전망을 밝게 한다.

트럼프 대통령의 2기 정부 핵심 과제 중 하나는 '힘에 의한 평화체제 구축'이다. 미국의 국방력 강화를 위해 재정 지출을 늘리는 것뿐만 아니라, 대표적인 국제 분쟁인 러시아-우크라이나 전쟁을 종

---

18 KIEP, '미국 트럼프 2.0 행정부의 경제정책 전망과 시사점', 2024. 11. 7, 12면 인용

19 감세로 인한 세수 부족분 보충을 위해 국채 발행 및 관세로 인한 수입품 물가 상승 영향으로 금리가 상승하게 되고, 금리 상승에 따라 차입 비용이 늘어난 기업들이 자금 공급에 차질을 빚어 투자를 꺼리게 하는 역효과

식하고 이스라엘과 하마스, 헤즈볼라 간 전쟁 역시 멈추게 하는 것이 목표다. 특히 3년 이상 지속되어 온 러시아-우크라이나 전쟁이 어떤 형태로 끝나든, 이후 재건 사업에 대한 기대감을 높인다. 이와 관련하여 우리나라 대형 건설회사들이 수혜를 볼 것으로 예상한다.

PAVE 분석

상품 개요

이 상품은 미래에셋자산운용의 관계사이자 ETF 전문 운용사인 글로벌 X가 운용하는 ETF로, 미국 국내 인프라 개발과 관련한 상장기업들로 구성된 INDXX U.S. Infrastructure Development Index(벤치마크)를 추종한다. 이 상품은 자산의 최소 80% 이상 지수 구성 종목 및 이와 실질적으로 동일한 경제적 특성을 가진 대상에 투자한 상품이다.

[표 3-20] 상품 주요 내용

운용사	출시일	시가총액(USD)	수수료(%)	벤치마크
미래에셋	2017. 3. 6	85억 2,000만 (12조 8,000억 원)	0.47	INDXX U.S. Infrastructure Development Index

수익률 분석

운용사는 이 상품을 트럼프 1기 정부 초기인 2017년 3월 출시했다. 트럼프 대통령 1기 시절의 핵심 공약인 인프라 투자와 관련한 테마 상품으로 볼 수 있다. 그러나 이 상품의 수익률 추이를 보면, 단기적인 내러티브에 국한한 상품이 아님을 알 수 있다. 트럼프뿐만 아니라 바이든 정부에서도 이 상품 가격은 지속적으로 우상향하는 모습을 보였다.

바이든 정부에서도 법의 명칭은 다르지만 인플레이션 감축법, 칩

[그림 3-11] 가격 흐름(2017. 3~2024. 12)

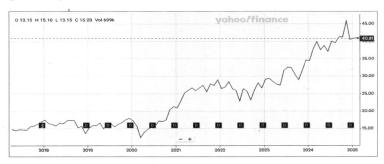

(출처) yahoo! finance

[표 3-21] 연도별 수익률(%)

오바마 2기				트럼프 1기				바이든 1기			
2013	2014	2015	2016	2017	2018	2019	2020	2021	2022	2023	2024
–	–	–	–	–	-18.3	34.0	20.2	36.9	-6.3	31.7	18.5

(출처) Bloomberg 재편집 (배당수익 포함)

스법을 통해 전기자동차, 반도체, 이차전지 산업 생산기지 건설에 힘을 기울였다. 코로나 팬데믹을 극복하는 과정에서 돈 풀기의 양대 축인 통화 정책과 재정 정책 중 통화 정책은 긴축으로 돌아섰지만, 여전히 재정 정책 측면에서는 돈 풀기를 멈추지 않았다는 점도 인프라, 부동산 관련 상품들의 강세를 이끌었다고 본다.

보유 종목 분석

벤치마크의 비중과 유사하게 트레인 테크놀로지Trane Technologies, 이튼 코퍼레이션Eaton Corporation, 콴타 서비스Quanta Service 순으로 비중을 보유하고 있다. 트레인은 에어컨 부품, 에너지 설비 등을 제공하며, 이튼은 전력 설비, 콴타 서비스는 에너지 인프라 설비를 제조, 제공하는 기업이다.

[그림 3-12] 섹터 비중(상위 5개 섹터, 2024. 12. 31일 현재)

심볼	회사	자산 %
TT	트레인테크놀로지	3.69%
ETN	이튼코퍼레이션	3.46%
PWR	콴타서비스	3.37%
PH	파커-하니핀코퍼레이션	3.36%
URI	유타이티드렌탈스	3.36%

(출처) yahoo! finance

유사 ETF 연도별(2020~2024) 실적 및 전망

PAVE ETF와 유사한 인프라, 부동산(리츠 포함) 및 건설 ETF 개요 및 연도별 실적은 [표 3-22]와 같다.

트럼프 대통령이 부동산 개발업자 출신이고, 인프라 투자에 재정 지출을 늘리고 규제 완화를 할 것이라는 점은 사실 양날의 검이

[표 3-22] 유사 ETF 개요 및 실적(단위: USD억)

티커	운용사	구분	시가총액	수수료	수익률(%)				
					2020	2021	2022	2023	2024
IFRA	블랙록	인프라	31.1	0.30	9.1	31.5	−1.3	15.4	18.8
URA	미래에셋	원자력	38.5	0.69	43.3	64.0	−10.5	52.5	2.3
URNM	Sprott		17.1	0.75	66.7	75.0	−11.9	61.5	−11.0
NLR	VanEck		6.5	0.61	5.9	15.8	4.4	41.2	15.0
VNQ	뱅가드	부동산	339.5	0.13	−0.1	43.4	−22.0	16.0	8.7
SCHH	찰스슈왑		73.7	0.07	−12.0	42.7	−22.3	14.5	8.2
XLRE	스테이트 스트리트		68.6	0.09	1.4	49.0	−22.3	15.8	8.5
IYR	블랙록		41	0.39	−2.4	41.0	−22.4	14.7	7.0
REZ	블랙록		10.7	0.48	−3.1	49.8	−24.8	14.0	15.0
FREL	피델리티		9.9	0.08	−0.7	43.1	−22.4	15.6	8.5
USRT	블랙록	리츠	27.9	0.08	−4.5	45.8	−20.7	16.9	11.4
ICF	블랙록		19.5	0.33	−2.8	46.1	−23.3	13.2	8.0
RWR	스테이트 스트리트		18.4	0.25	−7.1	48.6	−22.0	17.7	11.5
BBRE	JP Morgan		9.3	0.11	−4.0	44.9	−21.9	17.7	11.4

(출처) Bloomberg 재편집 (배당수익 포함)

다. 단기적으로는 분명 인프라, 부동산에 긍정적인 영향을 줄 것이다. 그래서 가격 상승이 예상된다. 그러나 앞서 지나친 재정 정책 및 감세로 인한 구축 효과가 발생할 경우 차입 비용이 늘어나 수익성이 저하되고, 기업 투자가 둔화될 수 있다. 실적 기대감으로 주식시장을 지배할 2025년과는 달리 2026년 이후에는 트럼프 2기의 정책 부작용을 동시에 감안하여 시장에 접근해야 한다. 한편 친환경 인프라를 대체할 원자력 및 원자력 인프라 관련 상품의 전망이 밝다.

국내 상장 ETF

"나는 취임하는 2025년 1월 20일, 러시아와 우크라이나 전쟁을 종식할 것입니다."

트럼프 대통령이 2023년 5월, 한 언론과의 인터뷰에서 밝힌 내용이다. 그는 지속적으로 '힘에 의한 평화 구축'이라는 국정 철학으로 미국이 직·간접적으로 개입하고 있는 국제 분쟁을 조속히 끝내겠다는 입장이다. 물론 트럼프 2기 정부에서 러시아-우크라이나 종전 조건으로 내세운 '현 양국 점령 지역 기준으로 국경선을 확정', '국경은 평화유지군이 주둔', 그리고 '평화유지군에 미국은 참여하지 않으며, 전쟁으로 인해 미국이 지불한 비용을 유럽에서 배상한다'라는 다분히 힘센 사람 논리의 내용은 러시아, 우크라이나, 그리고 서방세계를 납득시키기는 어려울 것이다. 그러나 전쟁이 막바지에 접어들었다는 것은 사실이다.

[표 3-23] 국내 상장 금융 ETF 현황(2024년 12월 말 기준)

종목코드	종목명	운용사	시가 총액 (억 원)	수수료 (%)	벤치마크
487230	KODEX 미국 AI 전력 핵심 인프라	삼성	2,366	0.49	iSelect 미국 AI 전력 핵심 인프라 지수(PR*)
486450	SOL 미국 AI 전력 인프라	신한	992	0.52	KEDI 미국 AI 전력 인프라 지수(PR)
117700	KODEX 건설	삼성	372	0.47	KRX 건설
139230	TIGER200 중공업	미래	820	0.44	코스피200 중공업

*PR : Price Return

(출처) 한국거래소 정보데이터시스템

종전 후에는 대부분의 시설이 파괴된 우크라이나의 재건 사업이 시작될 것이다. 세계 최상위 수준인 국내 건설 및 토목 기술을 바탕으로 대형 건설사 중심으로 인프라 재건 사업 수혜주로 등장할 것으로 기대한다. [표 3-23]은 한국거래소에 상장된 미국 인프라, 그리고 국내 기업 중심의 건설업, 중공업 ETF 개요이다.

[표 3-24] 국내 ETF 수익률(%, 2017 ~ 2024)

종목코드	운용사	2017	2018	2019	2020	2021	2022	2023	2024
487230	삼성	–	–	–	–	–	–	–	28.4
486450	신한	–	–	–	–	–	–	–	31.9
117700	삼성	1.8	15.3	-12.9	8.3	20.8	-20.3	30.1	-16.2
139230	미래	-7.5	16.9	-11.2	3.8	9.7	-7.5	24.1	58.6

(출처) Bloomberg, FUNETF (https://www.funetf.co.kr/) (배당수익 포함)

PART 3

[표 3-24]를 보면 국내 상장된 미국 인프라 ETF 수익률은 미국 상장 유사 ETF(예: PAVE) 대비 2024년 높은 연간 수익률을 볼 수 있는데, 이는 원/달러 상승에 따른 환차익이 추가된 것이다. 국내 건설업은 경기민감 업종으로 국내 경기 및 부동산 침체 국면으로 접어들면서 2024년 하락으로 반전했다. 반면에 중공업 분야는 우크라이나 재건 사업 기대 종목으로 트럼프 2.0 시대 수혜 업종인 원자력, 인프라 등을 포함(예: HD현대중공업, 두산에너빌리티, 현대로템)하고 있어 국내 경기둔화 우려에도 불구하고 2024년에 수익률이 급등했다.

AI, 로봇, 반도체, 양자 관련 ETF

VGT
(Vanguard Information Technology Index Fund ETF Shares)

트럼프 2024 대선 공약

> Champion Innovation(혁신의 챔피언): 바이든 정부의 행정명령[20]이
> AI 발전을 저해하므로 이를 폐지하고 자유로운 표현과
> 인간 번영을 기반으로 한 AI 개발을 지지함

---

20 행정명령 14110 (2023. 10. 30 서명): 2020년 챗GPT 출시를 포함한 생성형 AI의 빠른 성장으로 법적인 안전장치 없이 AI가 인류를 지배할 수 있다는 우려가 커지고 있었다. 이에 본 행정명령을 통해 다음과 같은 정책 목표를 제시한다.

1) AI 산업에서 경쟁과 혁신을 촉진
2) 시민권과 노동권을 옹호하고, AI로 인한 피해로부터 소비자들과 그들의 사생활을 보호
3) AI 조달과 사용을 관장하는 연방 정책을 명시
4) AI로 생성된 콘텐츠에 대한 워터마킹 시스템을 개발하고, 생성 모델을 사용하는 과정에서 발생하는 지적재산권 도용을 방지
5) AI 분야에서 미국이 세계적 리더로서의 지위를 유지

그러나 이 행정명령이 도리어 규제 강화로 이어져 혁신을 저해한다는 의견이 대두되면서 공화당에서는 이를 반대해 왔다.

트럼프의 AI 등 신산업에 대한 공약은 반反바이든, 반중국의 집약체이다. 취임 후 바이든 정부의 AI 행정명령을 폐기함으로써 AI의 혁신 동력을 추구하겠다는 의지를 보인 것이다. 2024년 12월 중 소프트뱅크의 손정의 회장이 트럼프의 마러라고 리조트까지 찾아와 향후 트럼프 임기 4년 동안 총 1,000억 달러(150조 원) 규모로 미국 AI 및 AI 인프라를 중심으로 투자하겠다고 밝혔다(트럼프 대통령 취임 직후인 2025년 1월 21일 손정의 회장은 오라클, 오픈AI와 함께 미국에 추가로 4,000억 달러, 총 5,000억 달러 규모의 AI 인프라 투자를 하겠다고 '트럼프 옆'에서 발표했다). CNN에 따르면 손 회장은 트럼프 1기 정부에 약 750억 달러 규모로 투자한 것으로 나타났다. 트럼프 2.0 시대에는 해외 주요 투자자들이 미국의 혁신 산업에 투자하고 세제 혜택을 받는 형태로 나타날 것이다.

여기에 DOGE 수장인 일론 머스크가 AI 중심에 있다. 그의 회사인 테슬라가 심혈을 기울이고 있는 자율주행 운송수단인 로보택시, 그리고 기존 전기차 및 사이버트럭에 완전 자율주행을 위한 규제 혁파에 나설 것이다. 챗GPT의 제작사인 오픈AI의 공동 창업주이기도 한 그는 자신이 설립한 뉴럴링크에서 인간지능의 증강을 위한 칩 개발을 동시에 진행하고 있다.

2023년 이후 AI 성장에 따라 GPU Graphic Processing Unit를 제조하는 엔비디아 및 HBM High Bandwidth Memory를 제조하는 TSMC 등이 급격한 성장세를 보였다. 이 추세는 기존 바이든 정부의 칩스법을 트럼프 2.0

시대에 그대로 유지할 것으로 예상한다. 즉 아웃소싱을 멈추고 미국에 공장을 지어 생산하는 정책을 AI, 반도체 산업에 적용할 것이다.

한편 AI 혁신을 이을 산업으로 양자컴퓨터 및 양자칩의 성장을 주목하고 있다. 2024년 12월 초 구글은 양자칩 윌로우Willow를 개발했다고 발표했다. 양자컴퓨터의 핵심은 큐비트Qubit[21]를 얼마나 증강시켜 문제해결 속도를 빠르게 하느냐에 달려 있다. 그런데 구글에 따르면 약 105큐빗으로 현존하는 슈퍼컴퓨터 하나를 사용했을 때 약 10^{25}년이 걸리는 계산을 단 5분 만에 해결할 수 있다고 한다. 물론 양자컴퓨터의 발달로 비트코인의 암호가 해독되며 해킹 가능성이 커졌다는 우려가 있지만, 그것은 기우이다. 반대로 블록체인에서 암호를 절대 풀지 못하는 로직을 양자컴퓨터를 통해서 해결할 수 있다고 필자는 믿는다.

VGT 분석

상품 개요

이 상품은 세계 최대 규모의 ETF 운용사 중 하나인 뱅가드가 운

---

21 일반 컴퓨터는 0 또는 1을 선택하는 연산 로직을 가지는 비트(bit) 구조인 반면, 양자컴퓨터는 0과 1을 동시에 선택하여 문제를 해결하는 큐비트 구조를 가지고 있다. 따라서 양자컴퓨터의 문제해결 과정은 순차적인 진행이 아닌 병렬 구조로 진행되며, 속도가 빠른 대신에 간섭에 따른 오류 발생이 잦아서 이론적으로 완벽한 모델임에도 불구하고 오랜 기간 실생활에 적용할 만큼 발전 속도가 빠르지 못했다.

용하는 ETF로, 미국의 정보기술IT 기업으로 구성된 MSCI US IMI 25/50 Information Technology Index(벤치마크)를 추종한다. 이 상품은 지수 구성 종목과 거의 동일한 비율로 투자함으로써 100% 가깝게 벤치마크에 일치시킨 상품이다.

[표 3-25] 상품 주요 내용

운용사	출시일	시가총액(USD)	수수료(%)	벤치마크
뱅가드	2004. 1. 26	848억 (127조 원)	0.10	MSCI US IMI 25/50 Information Technology

수익률 분석

이 상품 구성 종목들의 특징은 전형적인 성장주이다. 즉 높은 주가수익비율(기업의 당기순이익 대비 높은 주가)을 보이며, 현재의 기업 실적보다 향후 기업 실적이 급격하게 증가할 것이라는 믿음으로 투자자들이 이 산업 주식에 투자하는 것이다. 기업 가치는 [그림 3-13] 공식과 같이 기업의 영업현금흐름에서 자본적 지출을 차감한 현금흐름의 합의 현재 가치이다. 현재보다 미래의 기대 현금흐름이 타 업종 대비 훨씬 비중이 높은 IT 기업의 경우 저금리 환경에서 높은 수익을 얻을 수 있다.

[그림 3-13] 기업 가치 공식

$$\sum \frac{\text{corporate cash flow}}{(1+r)^k}$$

그리고 혁신 속도가 타 산업 대비 빠른 IT 산업에서 AI 혁신과 같
은 이벤트가 발생하면 현금흐름이 급격하게 증가하게 되어 이들 종
목의 가치가 기하급수적으로 증가한다. 2024년 AI 혁명으로 인해
엔비디아의 주가수익률이 2023년 말 대비 171%를 시현한 것이 그
예이다.

트럼프 1기인 2017~2020년에는 아마존, 마이크로소프트의 클
라우드 서비스, 그리고 애플의 아이폰, 테슬라의 자율주행 기반의
전기차가 성장을 주도했다. 2018년 기준금리 인상 시기에 부진한

[그림 3-14] 가격 흐름(2013. 1 ~ 2024. 12)

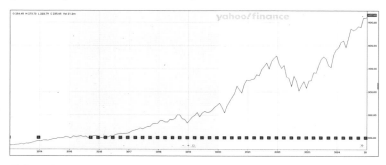

(출처) yahoo! finance

[표 3-26] 연도별 수익률(%)

오바마 2기				트럼프 1기				바이든 1기			
2013	2014	2015	2016	2017	2018	2019	2020	2021	2022	2023	2024
31.0	18.0	5.0	13.8	37.1	2.5	48.6	46.8	31.2	−28.6	53.3	29.8

(출처) yahoo! Finance, Bloomberg 재편집(배당수익 포함)

실적을 보이기도 했으나, 대체로 저금리 환경 및 기술혁신에 따라 주가는 우상향해 왔다.

직전 바이든 정부에서는 반도체 및 AI 분야에서 주가 상승을 견인했다. 2022년 연준의 기준금리 급격한 인상 기조로 인해 IT 기업 주가 고평가론 등 비관론이 우세하여 그 해 부진했으나 이듬해인 2023년 및 2024년, AI 붐으로 혁신성에 불을 지피며 바로 반등하는 '저력'을 보여줬다.

보유 종목 분석

애플, 엔비디아, 마이크로소프트 순의 비중을 보유하고 있다. 앞서 설명한 아이폰, 클라우드, AI 순으로 혁신이 일어나면서 동 상품의 높은 수익률 시현에 기여했다.

[그림 3-15] 섹터 비중(상위 5개 섹터, 2024. 12. 31일 현재)

심볼	회사	자산 %
AAPL	애플	16.22%
NVDA	엔비디아코퍼레이션	15.44%
MSFT	마이크로소프트코퍼레이션	13.08%
AVGO	브로드컴	4.09%
CRM	세일즈포스	1.89%

(출처) yahoo! finance

유사 ETF 연도별(2020~2024) 실적 및 전망

VGT ETF와 유사 업종 ETF 개요 및 연도별 실적은 [표 3-27]과 같다. 금리가 급등했던 2022년을 제외하고 표의 모든 상품은 지속적으로 높은 수익률을 실현해 왔다. 전통적인 주가 밸류에이션 방법을 사용한다면 분명히 이들 종목, 그리고 이를 품고 있는 IT ETF는 고평가되어 있다(예를 들면 테슬라의 PER가 약 119X 수준(기업이 버는 돈보다 119배 프리미엄을 얹어서 주식시장에서 거래하고 있음)은 일반적으로 납득할 수 없는 현상이다). 그런데 클라우드, AI 등의 혁신, 이를 뒷받침해야 하는 데이터센터 수요 증가 등 IT 산업은 현재 선순환 중이다. 트럼프의 AI 등 혁신 산업 무기화가 진행된다면 그 가치는 더 높아질 것이다.

한 가지 실현 가능하며 엄청난 리스크는 트럼프 2.0 시대의 곳간을 활짝 여는 재정 정책 및 감세가 금리 상승을 불러일으켜 이들 밸류에이션을 완전히 갉아 먹는 현상이 일어날 수 있다는 것이다(다시 한번 [그림 3-13]의 공식을 보라. 분모의 할인율, 즉 금리가 올라가면 기업 가치가 떨어진다).

국내 상장 ETF

반면 국내 IT 기업들은 미국의 상승 모멘텀에 올라타지 못했다. 삼성전자는 HBM 생산 능력이 경쟁사인 TSMC 등에 미치지 못한다. AI와 이를 뒷받침하는 반도체 산업의 전망은 밝지만, 발전 속도가

[표 3-27] 유사 ETF 개요 및 실적(단위: USD억)

티커	운용사	구분	시가총액	수수료	수익률(%)				
					2020	2021	2022	2023	2024
XLK	스테이트 스트리트	IT	724.8	0.09	44.6	35.4	−26.7	56.8	22.3
IYW	블랙록	IT	197.9	0.39	48.0	35.8	−34.3	65.9	30.5
SOXX	블랙록	반도체	139.2	0.35	53.6	44.7	−33.8	67.9	13.5
FTEC	피델리티	IT	133.1	0.08	46.7	31.1	−28.7	54.1	29.9
FDN	퍼스트 트러스트	IT	68.2	0.51	52.6	6.5	−45.5	51.5	30.4
IXN	블랙록	IT	52.4	0.41	44.3	29.8	−29.0	53.5	25.3
SKYY	퍼스트 트러스트	클라우드	36.4	0.60	57.9	11.4	−44.5	52.2	35.9
XT	블랙록	IT/크립토	32.1	0.46	35.5	17.3	−27.0	27.4	0.7
TDIV	퍼스트 트러스트	IT	28.5	0.50	19.8	31.4	−19.5	38.5	26.0
BOTZ	미래에셋	로봇	26.2	0.68	52.1	8.8	−42.5	39.2	12.4
AIQ	미래에셋	AI	26.0	0.68	53.4	17.2	−35.9	55.5	24.2
HACK	AMP	보안	19.1	0.60	42.6	7.3	−27.9	37.6	23.6
ARKW	아크인베스트	차세대	17.7	0.82	158.8	−13.9	−67.5	96.9	42.3
ROBO	로보	로봇	10.4	0.95	45.5	15.5	−33.9	23.8	−0.7
ARKQ	아크인베스트	자율주행	9.4	0.75	108.1	2.5	−46.7	40.7	33.9
IHAK	블랙록	보안	9.2	0.47	51.4	11.6	−25.6	37.9	7.8
PNQI	인베스코	IT	8.4	0.60	61.4	−5.6	−47.9	60.7	29.4
QTUM	DEFIANCE	양자	8.2	0.40	42.7	35.7	−27.3	40.7	51.2
CLOU	미래에셋	클라우드	3.5	0.68	77.2	−1.5	−39.6	41.4	5.7

(출처) Bloomberg (배당수익 포함)

워낙 빠르므로 한번 경쟁에서 뒤처지면 이를 만회하기는 상당히 어렵다. 과거 휴대폰의 최강자였던 노키아나 블랙베리가 애플의 아이폰 등장과 함께 수년 안에 스마트폰 시장에서 사라졌던 사실을 기억해야 한다.

[그림 3-16] IYW 및 KODEX 한국반도체 ETF[091160] 수익률 추이

(2020. 1 ~ 2024. 12)

IYW: 파란색 실선, KODEX 한국반도체 ETF: 검은색 실선

(출처) yahoo! finance

한국거래소에 상장되어 있는 관련 ETF는 미국 AI 및 반도체, 로봇 관련 ETF 비중이 매우 높다. 대부분 테마에 민감한 국내 투자자들을 위해 만들어진 상품들이다. 거래 편의상 양자컴퓨터 관련 상품을 제외하고 시가총액 1,000억 원 이상의 ETF에 한하여 소개하고자 한다. 상품 개요는 [표 3-28]과 같다.

[표 3-29]에는 국내 상장된 미국 AI 등을 포함한 IT ETF 수익률

[표 3-28] 국내 상장 금융 ETF 현황(2024년 12월 말 기준)

종목코드	종목명	운용사	시가 총액 (억원)	수수료 (%)	벤치마크
381170	TIGER 미국테크TOP10 INDXX	미래	32,168	0.57	Index US Tech Top 10 Index
457480	ACE 테슬라밸류체인 액티브	한국	7,391	0.38	Bloomberg EV Supporters Plus Tesla Price Return Index
314250	KODEX 미국빅테크 10(H)	삼성	6,127	0.57	NYSE U.S. BIG TECH 10 Index
465580	ACE 미국빅테크TOP7 Plus	한국	5,813	0.37	Solactive US Big Tech Top 7 Plus (PR) Index
396500	TIGER Fn반도체 TOP10(한국)	미래	5,359	0.51	FnGuide 반도체TOP 10 지수
390390	KODEX 미국반도체MV	삼성	5,175	0.18	MVIS US Listed Semiconductor 25 Index
481180	SOL 미국AI소프트웨어	신한	1,628	0.53	KEDI 미국 AI 소프트웨어 지수(PR)
490090	TIGER 미국AI빅테크10	미래	1,208	0.32	KEDI 미국 AI 빅테크 10 지수(PR)
485540	KODEX 미국AI테크 TOP10	삼성	1,140	0.34	KEDI 미국 AI 테크 TOP 10 지수(PR)
275980	TIGER 글로벌4차산업 혁신기술(합성 H) (XT ETF 합성)	미래	1,104	0.50	MorningStar Exponential Technologies Index(PR)
498270	KOSEF 미국양자컴퓨팅	키움	690	0.49	Solactive U.S. Quantum Computing Index(PR)
139260	TIGER 200 IT	미래	5,110	0.43	코스피200 정보기술
091160	KODEX 반도체	삼성	4,873	0.46	KRX반도체
091230	TIGER 반도체	미래	2,023	0.48	KRX반도체
157490	TIGER 소프트웨어	미래	1,012	0.45	FnGuide 소프트웨어 지수

* PR : Price Return

(출처) 한국거래소 정보데이터시스템

[표 3-29] 국내 ETF 수익률(%, 2017 ~ 2024)

종목 코드	운용사	2017	2018	2019	2020	2021	2022	2023	2024
381170	미래	–	–	–	–	32.7	−40.0	87.6	73.4
457480	한국	–	–	–	–	–	–	21.2	59.1
314250	삼성	–	–	30.6	92.4	16.9	−44.4	97.5	48.0
465580	한국	–	–	–	–	–	–	5.7	82.1
396500	미래	–	–	–	–	5.0	−35.5	67.4	−12.8
390390	삼성	–	–	–	–	26.3	−31.6	83.3	61.2
481180	신한	–	–	–	–	–	–	–	35.4
490090	미래	–	–	–	–	–	–	–	23.4
485540	삼성	–	–	–	–	–	–	–	20.0
275980	미래	–	−8.8	31.8	30.6	15.6	−30.6	27.4	−1.5
498270	키움	–	–	–	–	–	–	–	2.2
139260	미래	49.6	−18.9	26.0	54.6	7.8	−29.9	30.0	−19.3
091160	삼성	35.3	−35.8	55.6	27.6	18.7	−42.5	65.6	−19.9
091230	미래	38.0	−34.5	55.5	27.9	19.1	−41.5	66.6	−20.4
157490	미래	47.5	−16.4	24.4	64.5	16.0	−46.7	9.5	−18.3

(출처) Bloomberg, FUNETF (https://www.funetf.co.kr/) 재편집 (배당수익 포함)

은 미국 상장 유사 ETF(예: IYW) 대비 2024년 높은 연간 수익률을
볼 수 있는데, 이는 원/달러 상승에 따른 환차익이 추가된 것이다.
특이한 점은 자율주행 등 AI 기술을 핵심으로 하면서도 전통 자동
차업에 속해 있는 테슬라에 집중한 ETF가 2020년 코로나 팬데믹
극복 과정 이후 인기를 끌고 있다는 점이다.

이것은 일론 머스크가 트럼프 2.0 시대에 정·재계에 중추적인 역
할을 할 것이라는 예상과 함께 당분간 상승 모드를 탈 것으로 예상

한다. 반면 국내 IT 기업을 기반으로 한 ETF의 수익률은 미국과는 반대 방향으로 하락했다. 국내 경기둔화 조짐, 대통령 탄핵 등의 정치 혼란과 함께 현재 AI 기술에 뒤처지고 있다는 구조적인 위기감까지 결합하여 향후 전망이 밝지만은 않다. 반면 2024년 12월 출시한 키움투자자산운용의 'KOSEF 미국양자컴퓨팅' ETF는 현재 시점인 2025년 1월 초 기준 700억 원 이상의 수탁고를 보이고 있다. 앞으로 다른 대형 운용사도 양자컴퓨터와 관련한 미국 및 국내 기업 주식[22]을 포함한 ETF가 연이어 출시될 것으로 기대한다.

---

22 하나증권 리서치센터에 따르면 국내 양자컴퓨팅과 관련한 종목으로 쏠리드, 한국첨단소재, 엑스게이트, 아톤, 라온시큐어, 우리기술 등을 지목(하나증권, 'Hana Guru Eye', 2025. 1. 3)

Chapter 2

채권형 ETF

채권 vs 주식
역상관관계의 부활

트럼프 2024 대선 공약

> **감세**: 법인세를 현 21%에서 20%로 낮출 것이며,
>   2025년 말 일몰 시한인 각종 세제 혜택 연장
> **관세**: 보편적 관세 10%, 그리고 대중국 최대 60% 관세 부과 등
>   통화 정책: 연준 2025년 최소 2회 금리인하 계획,
>   양적 축소(Quantitative Tightening) 종료

오랫동안 투자 세계에서 주식과 채권의 수익률은 서로 역의 상관관계를 유지해 왔다. 즉 주가가 오르면 채권 금리가 상승해서 가격이 하락하며, 주가가 내리면 채권 가격은 상승한다는 논리이다. **따라서 투자 포트폴리오를 구성할 때 주식과 채권의 비율을 6 대 4로 구성하면 주식과 채권이 서로의 손실을 상쇄한다는 점에서 안정적인 수익률을 시현할 수 있었다. 여기에 채권은 '이자'라는 강력한 무기가 있**

다. 발행기업이 파산하지 않는다면 주기적으로 안정적인 현금흐름을 기대할 수 있다. 채권투자가 안정적인 수익률을 유지하기 위해 꼭 필요한 이유다.

그런데 2008년 리먼 브라더스발 금융 위기 이후 두 상품 간 상관관계가 깨졌다. 연준이 본격적으로 돈 풀기에 나서자 시중에는 돈이 넘쳐났고, 투자자들은 풍부한 유동성을 발판으로 주식시장에 참전했다. 그러면서도 상대적으로 높으면서 안정적인 현금흐름을 담보하는 회사채 가격이 상승했다. 국채는 저금리를 오랜 기간 유지하면서 채권 가격이 상승했다.

2022년 물가 상승을 막기 위해 연준은 기준금리를 인상하고 보유하고 있는 자산을 시장에 매각하는 등 긴축 정책을 시행했다. 이 시기에 주가와 채권 가격 모두 하락했는데 논리는 다음과 같다. **연준이 급하게 금리를 올리면서 기업의 차입비용이 올라갔다. 대출을 꺼리게 되니 기업의 투자 활동이 위축된다. 그리고 금리 상승으로 소비활동을 미래로 미루고, 소비할 돈을 은행에 저축하게 된다. 이어 기업 매출이 줄어들게 된다. 따라서 주가는 하락한다. 기준금리를 올리게 되니 금리와 반비례 관계인 채권 가격이 하락함은 당연하다.**

트럼프 2.0 시대에는 이런 논리가 유지되면서도 트럼프 1기 때 나타났던 관세의 부작용, 즉 세계의 공장으로 불리던 중국의 경기 둔화, 이에 미치는 글로벌 경기 악영향으로 주가는 하락하면서 채권 가격은 상승하는 역의 상관관계가 부활할 조짐을 보인다. 트럼프의 2기 예상 정책, 그리고 1기 때처럼 트럼프의 파월 의장 해임 압력이 반복될 것이라는 가정하에 채권 관련 추천 테마는 인플레이션 연계 채권, 단기 하이일드 채권, 그리고 커버드콜 채권이다.

인플레이션 연계 채권형 ETF

TIP

(iShares TIPS Bond ETF)

채권 가격은 금리에 반비례한다. 채권에 투자를 하면 주기적으로 (일반적으로 국내 채권은 3개월마다 미국 달러 표시 채권은 6개월마다 지급) 이자를 지급한다. 주식 배당과 달리 채권 이자는 비가 오나 눈이 오나 지급일마다 같은 금액을 지급하는 것을 원칙으로 한다(그래서 채권의 영문명이 Fixed Income이다). 그런데 금리가 상승하면 기업 가치 계산처럼 할인율이 상승해서 투자자가 받을 이자수익의 현재 가치가 하락한다. 다음은 미국 국채 3년물의 금리가 변함에 따른 채권 가격의 변화를 나타낸 예이다.

채권의 예: 쿠폰이자율 3%(연 2회 지급), 채권 만기 3년, 채권의 액면가 = 100

시장금리 0.1%일 때 채권가격을 계산하면,

$$p = \frac{1.5}{(1+0.0005)^1} + \frac{1.5}{(1+0.0005)^2} + \cdots + \frac{1.5+100}{(1+0.0005)^6} = 108.996$$

반면 시장금리가 4.71%로 상승했을 때 채권가격은,

$$p = \frac{1.5}{(1+0.02355)^1} + \frac{1.5}{(1+0.02355)^2} + \cdots + \frac{1.5+100}{(1+0.02355)^6} = 95.268$$

그리고 채권은 인플레이션에 '쥐약'이다. 인플레이션, 즉 물가가 가파르게 상승하면 채권 금리는 다음의 식에 의해 금리가 상승하게 된다.

채권 금리 = 실질금리 + 인플레이션(물가)

PART 1과 2에서 설명했지만, 다시 한번 트럼프의 공약인 감세와 관세를 시행하면 채권 금리에는 어떤 일이 벌어질까? 우선 감세를 시행하면, 재정 지출 규모가 유지된다는 가정하에(트럼프는 미 의회에 아예 '부채한도'를 없애는 법안을 올리라고 압력을 넣었다) 정부의 주 수입원인 세금이 줄어들어 재정 지출을 유지하기 위해 국채를 발행하게 된다. 공급과 수요 원칙에 따라 공급이 많아지면 투자의 매력도가 떨어진다. 즉 채권투자자들은 높은 수익률, 높은 금리를 요구하게 되는 것이다. 여기에 감세를 통해 내야 할 세금만큼 소비하거나 기업 투자로 이어지면 시중에 돈이 풀리게 되어 물가가 상승한다.

한편 관세의 경우 수입품에 대해 세금을 부과한 만큼 물건값이 오르게 되는데 이것이 물가 상승을 일으키는 원인이 된다. 이 채권 금리 공식처럼 물가가 오르면 채권 금리가 오르게 되고, 이는 채권 가격 하락으로 이어진다.

여기에 2025년 1월 기준, 연준은 다시 완화적인 통화 정책 모드로 향하고 있다. 기준금리를 내리는데 물가 상승 압력이 존재한다면 인플레이션 연계 채권에 투자하는 것이 바람직하다. 앞의 채권 금리식에서 채권 금리와 실질금리의 위치를 바꿔 보면 다음과 같다.

실질금리 = 채권 금리 – 인플레이션(물가)

인플레이션 연계 채권 가격은 명목금리가 아니라 실질금리에 따라 결정된다. 실질금리는 채권 금리가 떨어지거나 인플레이션이 상승할 때 금리가 하락한다. 트럼프 2.0 시대에 본인은 효율적인 연방정부 예산 관리(이를 위해서 일론 머스크가 DOGE 수장이 된 것임) 및 에너지 가격 안정 등을 통해 인플레이션을 안정시키겠다고 말한다. 하지만 지속적으로 완화적인 통화 정책 압력(트럼프 1기 때는 트럼프는 제로금리를 '사랑'한다고 말했다)과 감세, 관세에 따른 물가 상승 환경에서 인플레이션 연계 채권투자를, 앞서 설명한 유망 주식과 함께 편입할 만한 상품군으로 추천한다.

TIP 분석

상품 개요

이 상품은 블랙록의 관계사이자 ETF 전문 운용사인 아이쉐어즈가 운용하는 ETF로, 미국 정부가 발행하는 물가연동채권(Treasury Inflation-Protected Securities 또는 TIPS)에 투자하는 상품이다. 벤치마크 비중과 거의 똑같은 비중을 유지하기 위한 전략을 사용한다.

[표 3-30] 상품 주요 내용

운용사	출시일	시가총액(USD)	수수료(%)	벤치마크
블랙록	2003. 12. 4	131억 5,000만 (20조 원)	0.19	ICE US Treasury Inflation Linked Bond Index

수익률 분석

지난 10년 동안 이 상품을 포함한 인플레이션 연계 채권은 인플레이션 요인보다는 저금리가 수익률 상승에 견인한 요인이었다. 그런데 2020년 코로나 팬데믹 이후 제로금리 환경하에서 일할 사람이 없어 제품 공급에 차질을 빚는 현상으로 물가가 상승했을 때 투자 상품으로 주목받는 시기였다. 급격한 물가 상승에 놀란 연준이 기준금리를 가파르게 인상한 2022년에 수익률 하락을 겪기도 했으나, 2023년 하반기부터 기준금리를 동결했다. 그리고 이듬해인 2024년 4분기부터 기준금리를 인하하면서 다시 인플레이션 연계 채권투자가 매력을 되찾았다.

[그림 3-17] 가격 흐름(2015. 1~2024. 12)

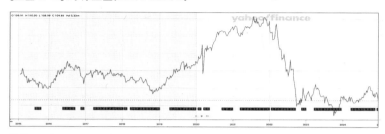

(출처) yahoo! finance

[표 3-31] 연도별 수익률(%)

오바마 2기				트럼프 1기				바이든 1기			
2013	2014	2015	2016	2017	2018	2019	2020	2021	2022	2023	2024
−7.0	5.7	−1.3	6.6	5.5	1.8	10.4	12.3	10.5	−4.9	6.6	4.2

(출처) Bloomberg 재편집(배당수익 포함)

보유 종목 분석

이 상품은 주로 7~10년 미국 연방정부가 발행한 인플레이션 연계 채권으로 구성되어 있다.

[표 3-32] TIP ETF 보유자산 통계

지역	비중(%)	자산	비중(%)	만기	비중(%)
미국	99.8	국채(물가채)	99.8	0~1	0.2
				1~3	24.6
				3~5	28.3
				5~7	11.4
				7~10	21.8

(출처) Bloomberg

유사 ETF 연도별(2020~2024) 실적 및 전망

TIP과 유사한 인플레이션 연계 ETF는 [표 3-33]과 같다. 사실 운용
사와 보유 채권의 듀레이션(실질만기, 듀레이션은 채권 금리에 대한 가
격 민감도이다. 즉 듀레이션이 클수록 채권 금리 0.01%(또는 1bp) 변동 시
채권 가격 변동 폭이 커진다)에 따라 분류되는 것이지, 듀레이션이 유
사하다면 상품은 사실상 동일하다고 보면 된다. 이들 상품의 매력
도는 트럼프 2.0 시대를 맞이하여 트럼프가 연준에 기준금리를 계
속 낮추도록 압력을 가할 때, 물가 상승 압력과 함께 높아질 것으로
예상한다.

[표 3-33] 유사 ETF 개요 및 실적(단위: USD억)

티커	운용사	구분	시가 총액	수수 료	수익률(%)				
					2020	2021	2022	2023	2024
VTIP	뱅가드	단기	120.1	0.04	6.4	10.6	4.3	7.6	7.4
SCHP	슈왑	종합	114.5	0.03	12.8	10.8	−4.4	7.0	4.9
STIP	블랙록	단기	107.1	0.03	6.8	10.3	3.4	7.5	7.4
TDTT	플렉스셰어스	3년 (단기)	19.5	0.18	8.2	10.7	3.0	8.4	8.0
TIPX	스테이트 스트리트	단기 중기	13.7	0.15	10.6	10.3	−1.1	8.1	6.7
SPIP	스테이트 스트리트	종합	8.5	0.12	13.8	11.0	−5.3	6.8	5.7
TDTF	플렉스셰어스	5년 (중기)	7.3	0.18	11.3	10.8	−1.5	8.2	6.4
LTPZ	핌코	장기	6.8	0.20	26.6	11.1	−23.3	4.8	−1.1
STPZ	핌코	단기	4.6	0.20	7.6	9.6	1.3	5.9	6.3
IVOL	Quadratic	액티브	4.5	1.02	18.6	4.1	−8.5	−1.3	−7.2

(출처) Bloomberg (배당수익 포함)

국내 상장 ETF

반면 국내 물가는 미국의 그것만큼 다이내믹하게 변하지 않는다. 관련 ETF는 한 종목이 있으나 이마저도 시가총액이 낮아 거래하기 적절하지 않다. 한편 미국 인플레이션 지수를 추종하는 상품이 한 종목 상장되어 있으나, 이 역시 시가총액이 100억 원 미만으로 낮다. 상품 가격 변동 원리는 앞서 설명한 TIP 상품과 동일하다.

[표 3-34] 국내 상장 금융 ETF 현황(2024년 12월 말 기준)

종목코드	종목명	운용사	시가 총액 (억원)	수수료 (%)	벤치마크
468370	KODEX iShares 미국 인플레이션 국채 액티브	삼성	83	0.10	ICE U.S. Treasury Inflation Linked Bond Index
430500	KOSEF 물가채 KIS	키움	114	0.19	KIS TIPS 지수

(출처) 한국거래소 정보데이터시스템

[표 3-35] 국내 ETF 수익률(%, 2017 ~ 2024)

종목 코드	운용사	2017	2018	2019	2020	2021	2022	2023	2024
468370	삼성	–	–	–	–	–	–	–0.2	17.7
430500	키움	–	–	–	–	–	1.0	11.2	4.9

(출처) Bloomberg, FUNETF (https://www.funetf.co.kr/) (배당수익 포함)

단기 하이일드 채권형 ETF

SHYG

(iShares 0-5 Year High Yield Corporate Bond ETF)

연준이 2022년 이후 기준금리를 가파르게 인상하다가 2024년 9월부터 금리를 인하하기 시작했다. 2025년에는 2회 인하를 예상하고 있는데, 금리의 하락 폭은 트럼프의 감세, 관세 세트 등으로 제한될 것으로 예상된다. 한편 금리 인상기에 미국의 하이일드 채권 수익률도 동반 상승하는 모습을 보였다. 하이일드란 신용등급이 투자적격등급 하한인 BBB-(S&P 기준) 미만의 고위험군 기업을 의미한다.

트럼프 2기 금융시장 환경에서 금리 하락 폭이 제한되므로 듀레이션을 늘려서 가격 상승을 기대하는 채권투자 전략은 적합하지 않다. 따라서 듀레이션이 짧은 채권이되 이자수익을 높일 수 있는 채권형 상품이 적합하다고 본다. 여기에 가장 맞는 ETF가 단기 하이일드 채권 관련 상품이다.

[그림 3-18] 연방기금금리(기준금리) 및 하이일드 수익률 추이(2021. 1~2024. 12)

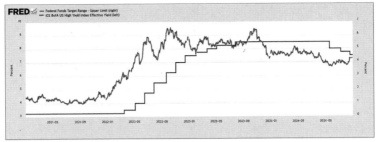

연방기금금리(우측 축): 검은색 실선, 하이일드 수익률(좌측 축): 파란색 실선

(출처) 세인트루이스 연은

    단기 하이일드 채권의 강점은 [그림 3-18]처럼 하이일드 수익률은 4% 이상의 안정적인 수익을 제공한다는 점이다. 듀레이션이 짧아 가격 변동성을 낮추면서도 배당수익처럼 꾸준히 높은 수익을 얻을 수 있다.

SHYG 분석

상품 개요

이 상품은 블랙록의 관계사이자 ETF 전문 운용사인 아이쉐어즈가 운용하는 ETF로, 국제신용등급 BBB- 미만이며 실질만기 5년 이내의 짧은 듀레이션을 가진 하이일드 채권에 주로 투자하는 상품이다. 벤치마크 구성 비율에 거의 일치시키도록 벤치마크 복제 전략을 사용한다.

[표 3-36] 상품 주요 내용

운용사	출시일	시가총액(USD)	수수료(%)	벤치마크
블랙록	2013. 10. 15	62억 1,000만 (9조 3,000억 원)	0.30	Markit iBoxx USD Liquid High Yield 0-5 Index

수익률 분석

지난 10년 동안 SHYG 등 하이일드 채권형 ETF는 저금리 시대에 타 금융 상품 대비 높은 수준의 배당(높은 이자 또는 쿠폰수익)을 배분하는 매력적인 상품이었다. 그리고 듀레이션을 짧게 가져감으로써 금리 상승 시기(2018년, 2022년)에도 듀레이션이 긴 채권형 ETF, IT 등 성장주 ETF 대비 선방한 모습을 보였다. 개인투자자 입장에서는 굳이 이러한 상품들을 매각할 필요 없이 주기적으로(일반적으로 매월 배당금이 지급된다) 배당수익을 챙기기만 하면 된다.

[그림 3-19] 가격 흐름(2015. 1~2024. 12)

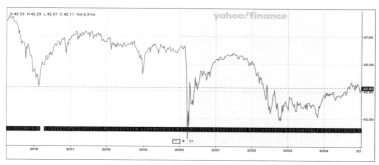

(출처) yahoo! Finance

[표 3-37] 연도별 수익률[%]

오바마 2기				트럼프 1기				바이든 1기			
2013	2014	2015	2016	2017	2018	2019	2020	2021	2022	2023	2024
–	0.3	−3.2	11.8	5.0	0.4	9.5	2.9	4.5	−4.2	9.8	7.8

(출처) yahoo! Finance, Bloomberg 재편집 (배당수익 포함)

보유 종목 분석

이 상품은 미국 소재 다양한 업종의 하이일드 등급 기업들이 발행한 채권으로 구성되어 있다. 신용등급은 대체로 B~BB등급에 80% 이상 집중되어 있으며, 만기 구조는 1~5년 구간이 약 96%를 차지하는 등 짧은 듀레이션을 유지하고 있다.

[표 3-38] TIP ETF 보유 자산 통계

업종	비중(%)	국가	비중(%)	신용등급	비중(%)	실질만기	비중(%)
미디어	7.9	미국	79.8	BB	43.7	0~1년	3.8
소매업	5.2	캐나다	5.2	B	40.6	1~3년	30.3
서비스	5.1	케이만	2.2	CCC	12.3	3~5년	65.7
석유/가스	5.0	영국	1.9	CC	1.4	5~7년	0.1
금융	4.9	네덜란드	1.7	무등급	1.4	7~10년	0.0

(출처) Bloomberg

유사 ETF 연도별(2020~2024) 실적 및 전망

하이일드HY형 ETF는 SHYG같이 주로 고정금리 채권에 투자하는 상품과 하이일드 등급 기업 대상, 금융기관이 대출하는 시니어론(대출) 기반의 ETF가 있다. 시니어론의 경우 전체의 90% 이상 변동금리형 상품이다. 변동금리의 기준이 되는 벤치마크 금리는 과거에는 LIBOR^{London Inter Bank Offer Rate} 3개월과 같은 은행 간 사전에 약속한 금리 체계가 쓰이다가 2022년 이후 SOFR^{Secured Overnight Financing Rate}(미국 국채를 담보로 하는 1일물 단기 지표 금리)를 사용하고 있다. 따라서 트럼프의 감세 및 관세로 인한 물가 상승이 수반될 경우에 검토할 수 있는 상품이다. 그리고 SHYG와 같이 만기가 열려 있는 상품이 일반적이나, 만기를 2026년, 2027년 등으로 고정하여 보유 채권들을 이에 맞게 구성하는 타깃 만기형 하이일드 채권형 ETF도 있다.

트럼프 2.0 시대든 그 이전에 민주당 정부이든, 미국의 금융 시스템에 조금이라도 문제가 생길 것이라고 판단되면 연방정부나 연준 등 금융당국은 지체 없이 유동성(돈)이라는 바주카포를 쏠 만반의 준비가 되어 있음을 알아야 한다. 이미 2020년 코로나 팬데믹, 2023년 실리콘밸리은행 파산 이후 BTFP와 같은 담보부대출 프로그램을 통해 지역은행의 연쇄 부도 위험을 재빨리 막은 점 등이 그 대표적인 예이다. 따라서 하이일드 기업이라고 할지라도 사실상 파산 상태가 아니라면 주기적으로 지급해야 할 이자를 못 낼 정도의 상황은 당분간 오지 않을 것이라고 생각한다.

[표 3-39] 유사 ETF 개요 및 실적(단위: USD억)

티커	운용사	구분	시가 총액	수수료	수익률(%)				
					2020	2021	2022	2023	2024
BKLN	인베스코	대출	94.4	0.65	1.2	2.3	−2.2	11.8	7.9
SRLN	스테이트 스트리트	대출	81.0	0.70	2.9	4.4	−4.6	11.0	8.1
SJNK	스테이트 스트리트	단기 HY	47.5	0.40	5.4	5.0	−4.9	10.9	7.9
FTSL	퍼스트 트러스트	대출	22.8	0.87	2.8	3.9	−2.2	10.9	7.9
HYS	핌코	단기 HY	13.5	0.55	3.0	4.3	−5.2	10.7	8.1
YEAR	AB	단기 HY	11.8	0.25	−	−	−	5.7	5.3
BSJP	인베스코	25년 HY	10.2	0.42	3.8	4.5	−4.6	9.9	7.7
BSJQ	인베스코	26년 HY	9.3	0.42	2.5	4.4	−6.6	9.3	7.2
SYFI	AB	단기 HY	7.8	0.40	3.9	3.0	−7.2	11.1	7.2
FLBL	프랭클린	대출	7.5	0.45	2.1	4.3	−2.3	13.8	7.9
IBHE	블랙록	25년 HY	6.2	0.35	3.8	4.3	−3.5	9.8	7.3
BSJR	인베스코	27년 HY	3.7	0.42	5.2	3.6	−10.4	11.1	6.9
BSJS	인베스코	28년 HY	3.2	0.42	−	−	−12.5	11.5	7.1

(출처) Bloomberg 재편집(배당수익 포함)

국내 상장 ETF

국내 회사채 시장은 국내 신용등급 기준 AA- 이상 채권을 투자등급 하한으로 설정한 기관투자자들이 대부분이다. 일반적인 정의와는 달리 국내 채권시장에서의 하이일드 등급은 A+ 이하인 경우를 의미한다. 우리나라 회사채 시장이 등급에 따라 지나치게 양분화됨에 따라 신용등급이 낮은 기업들의 자금조달을 원활하게 할 목적으로 한 공모주 하이일드 펀드를 설정할 때, BBB 이하 채권을 최소 40% 이상 편입하게 했다. 그리고 조건을 충족할 경우 공모주 청약 시 해당 펀드에 우선권을 주었다(공모주는 한때 황금알을 낳는 거위로 불렸다. 투자하면 무조건 돈 번다는 통념이 강했다).

개인 투자자들은 이 펀드에 투자 시 받는 배당수익에 대해 분리과세 혜택을 적용받기도 했다. 그러나 이 상품이 기관투자자들에게

[표 3-40] 국내 상장 금융 ETF 현황(2024년 12월 말 기준)

종목코드	종목명	운용사	시가총액 (억 원)	수수료 (%)	벤치마크
468380	KODEX iShares 미국 하이일드 액티브	삼성	351	0.17	ICE BofAML US HY Constrained Index (Total Return)
182490	TIGER 단기선진 하이일드(합성H)	미래	118	0.29	Markit iBoxx USD Liquid High Yield Index

(출처) 한국거래소 정보데이터시스템

[표 3-41] 국내 ETF 수익률[%, 2017 ~ 2024]

종목 코드	운용사	2017	2018	2019	2020	2021	2022	2023	2024
468380	삼성	–	–	–	–	–	–	3.3	28.7
182490	미래	5.0	−0.9	8.5	1.4	4.3	−5.9	12.3	5.6

(출처) Bloomberg, FUNETF (https://www.funetf.co.kr/) (배당수익 포함)

는 별다른 메리트가 없고, 금융당국에서 보유 자산에 대한 등급이 낮을수록 위험가중치를 높이 부여하는 제도로, 하이일드 채권시장을 활성화하는 데 한계가 있었다. 따라서 국내 하이일드 등급을 기반으로 한 ETF는 없다. 심지어 A등급 회사채도 없다. 블랙록에서 운용하는 하이일드 펀드 등 소수의 재간접 ETF가 있으나, 시가총액이 작아 매매하는 데 어려움이 따른다. 약간의 수고가 따르겠지만 미국 동부시각 기준 영업시간으로 한국 시각 밤 또는 새벽에 투자하는 것이 매매하는 데 더 유리하다.

커버드콜 채권형 ETF

TLTW

(iShares 20+ Year Treasury Bond Buywrite Strategy ETF)

트럼프 2.0 시대 예상 통화 정책은 연준 입장에서는 물가를 최우선 순위에 두고 정책을 펼칠 것이다. 그럼에도 불구하고 파월 의장 이하 연준위원들은 지난 2022년 급격한 물가 상승을 기준금리 인상 등의 적절한 통화 정책으로 물가를 제어하는 데 성공했다는 자신감을 가지고 있다. 따라서 물가 안정 통제를 잘하고 있다는 전제하에 기준금리를 내리면서 적절하게 경기를 자극하고, 금융시장이 지속적으로 강세를 보일 수 있도록 조치를 취할 것이라고 본다. PART 2에서 설명했듯이 트럼프와 파월의 갈등이 예상되지만 공통적으로 금융시장 방향에 대해 대단히 민감하다.

그러나 2008년 금융 위기 이후 코로나 팬데믹 때까지의 물가 흐름은 결코 아니다. 그 당시 아무리 제로금리로 맞추고(유럽, 일본 등

★ 트럼프 2.0 주요 유망 ETF 상품   163

은 마이너스 기준금리 체제였다) 돈을 풀어도 물가는 겨울잠 자듯이 조용했다. 그러나 팬데믹 이후 노동력이 부족해지고, 장기간 공장이 올스톱되면서 발생한 공급망 붕괴 등으로 물가가 오르기 시작했다. 겨우 잠재우긴 했지만 연준이 기준금리를 내리자 벌써 물가는 상승을 향해 꿈틀대고 있다.

2025년 1월 현재 금리가 내려가긴 할 것 같은데, 대폭 하락이 어려운 시장환경이라면 금리 하락과 함께 얻을 수 있는 자본차익보다는 주기적으로 배당을 받는 채권형 커버드콜 상품이 유리하다.

커버드콜의 구조는 [그림 3-20]과 같이 채권을 매수함과 동시에 동일 채권을 살 수 있는 권리, 즉 콜옵션을 매도하는 대신 프리미엄

[그림 3-20] 커버드콜 구성 과정*

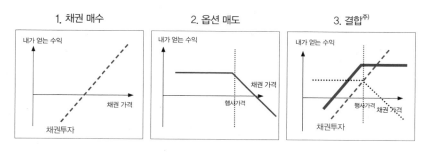

*행사가격 이하: 옵션 매도 시 프리미엄+채권투자 payoff로 채권투자 시 수익 방향처럼 우상향하는 기울기 형성
*행사가격 이상: 채권 가격 상승에 따른 수익 증가(채권투자)와 수익 감소(옵션 매도)가 상계되어 행사가격 시 수익으로 고정

(출처) 《부자아빠는 주식투자만 가르치지 않는다》, 지음미디어

을 수취하는 구조를 합친 것이다. 채권 가격이 행사가격 주변에서 형성하는 금리 박스권(금리 상한과 하한의 차이가 매우 작은 상황에서 상한과 하한 사이에서 한동안 금리가 형성되는 현상) 환경에서 커버드콜을 통해 배당수익을 제고할 수 있다.

TLTW 분석

상품 개요

이 상품은 블랙록의 관계사이자 ETF 전문 운용사인 아이쉐어즈가 운용하는 ETF로, 미 국채 20년 이상을 주로 편입하는 TLT ETF를 매입과 동시에 이 ETF 옵션을 매도하는 포지션을 합성하여 만든 상품이다.

[표 3-42] 상품 주요 내용

운용사	출시일	시가총액(USD)	수수료(%)	벤치마크
블랙록	2022. 8. 18	9억 7,000만 (1조 4,550억 원)	0.35	CBOE TLT 2% OTM Buywrite Index

수익률 분석

2023년 10월 말까지 미 국채 30년은 지속적으로 상승하는 모습을 보였다. 11월 이후 저가 매수세 및 기준금리 인상 종료 선언 등으로 2023년 말 드라마틱하게 금리가 하락하는 모습을 보이면서 기준가

[그림 3-21] 미 국채 30년 추이(2023. 1~2024. 12)

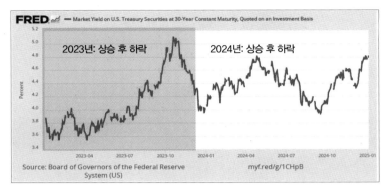

상승으로 반전했다. 2024년 중에는 상승, 하락, 그리고 다시 상승의
모습을 보였다.

TLTW ETF의 기준가 자체는 매년 말 하락하는 모습을 보였으나
(그림 3-22), 매년 배당수익률은 2023년 19.6%, 2024년 14.5%로

[그림 3-22] 가격 흐름(2022. 8~2024. 12)

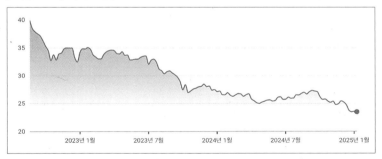

이를 합치면 2023년 이후 (+)의 수익률을 시현하였다. 즉 금리의 방향성이 상승과 하락을 반복하는 시장에서 비교적 장기간에 걸쳐 배당수익에 초점을 맞추는 투자자에게 안성맞춤인 상품이 바로 커버드콜 채권형 ETF이다.

[표 3-43] 연도별 수익률[%]

오바마 2기				트럼프 1기				바이든 1기			
2013	2014	2015	2016	2017	2018	2019	2020	2021	2022	2023	2024
–	–	–	–	–	–	–	–	–	–	4.3	0.1

*TLT 수익률: 2023년 2.7%, 2024년 −7.4%

(출처) Bloomberg 재편집(배당수익 포함)

보유 종목 분석

이 상품은 미국 20년 이상 국채로 구성된 TLT ETF와 TLT ETF 콜옵션 매도 포지션이 합쳐진 구조이다. 여기서 콜옵션은 옵션 발행 당시 TLT 현재 가격보다 2% 프리미엄을 가산한 행사가격을 가진 옵션을 말한다.

국내 상장 ETF

금리 상승기에 접어들자 주가가 하락하면서 채권 수익으로는 만족하지 못하는 투자자들이 커버드콜 채권형 ETF에 투자를 늘려 나갔다. 직접 미국 장에서 TLTW를 사기도 하지만, 증권사 플랫폼을 통해 직접 환전 업무를 해야 하고 밤 10시 30분(서머타임 기준) 이후에야 매매할 수 있는 등의 귀찮음이 존재한다. 따라서 국내에서 TLTW를 이용해서 20년 이상의 미국 국채 ETF 및 그것의 콜옵션 매도 포지션을 직접 합성하는 적극적 형태의 ETF가 인기를 끌고 있다. 단 한국거래소에 상장된 국내 채권형 커버드콜 ETF는 모두 미국 국채를 기반으로 한 상품이다. 국고채 30년의 경우 미국 30년 대비 금리가 낮고, 국고채 30년 같은 장기채를 토대로 한 ETF 옵션시장이 없다는 점에서 손쉽게 커버드콜을 만들기는 어려운 환경이다.

[표 3-44] 국내 상장 금융 ETF 현황(2024년 12월 말 기준)

종목코드	종목명	운용사	시가 총액 (억원)	수수료 (%)	벤치마크
476550	TIGER 미국30년국채 커버드콜액티브(H)	미래	11,589	0.45	KEDI 미국채30년 위클리 커버드콜30 지수 (Total Return)
481060	KODEX 미국30년국채 타깃커버드콜(합성 H)	삼성	4,842	0.29	Bloomberg U.S.Treasury 20+ Year(TLT)+ 12% Premium Covered Call index(Total Return)
473330	SOL 미국30년국채 커버드콜(합성)	신한	1,952	0.34	KEDI 미국 국채 20년+ 커버드콜 지수(NTR)
472830	RISE 미국30년국채 커버드콜(합성)	KB	292	0.39	Bloomberg U.S. Treasury 20+ Year (TLT) 2% OTM Covered Call Index(TR)

(출처) 한국거래소 정보데이터시스템

Chapter 3

가상자산 ETF

비트코인, 이더리움 ETF

BITX, ETHU

(2X Bitcoin Strategy ETF), (2X Ether ETF)

트럼프 2024 대선 공약

> 친가상자산 정책: 미국이 지구의 암호화폐 수도이자
> 세계 비트코인의 슈퍼파워로 만들겠다.

트럼프 1기 때와 가장 상이한 정책이 가상자산과 관련한 것이다. 트럼프는 2024 대선 이전까지는 가상자산에 대해 부정적인 시각을 가지고 있었다. 그는 "암호화폐는 돈이 아니며, 그저 사기Scam 같다"라고 하면서 가상자산을 규제해야 한다고 주장했다. 그런데 2024년 대선 기간 중 갑자기 친비트코인 대통령이 되겠다면서 비트코인BTC을 금과 동일한 미국의 전략 자산으로 키우겠다는 공약을 내세웠다. 트럼프가 2024년 7월 비트코인 컨퍼런스에서 앞서 언급한 친비트코인, 친가상자산 정책을 발표하자 비트코인을 포함한 가상자산 가격이 반응하기 시작했다.

[그림 3-23]과 같이 가상자산 양대 산맥(사실 비트코인 1강 체제이다)인 비트코인과 이더리움ETH은 트럼프의 당선 확률에 따라 오르락내리락하다가, 마침내 제47대 대통령으로 트럼프가 당선된 후 급등하는 모습을 보였다.

[그림 3-23] 비트코인 및 이더리움 가격 추이(2024. 1~2025. 1)

비트코인: 파란선(좌측 축), 이더리움: 회색선(우측 축)　　　　　　(출처) 세인트루이스 연은

과거 초당적인 가상자산에 대한 규제 일변도의 지형이 바뀌고 있다. 이번 2024년 미국 대선 및 의회 선거에서 가상자산과 관련한 정치자금 모금액이 2억 5,000만 달러(약 3,800억 원)에 이르며, 당선된 상·하원 의원 중 약 300명이 가상자산 친화적인 인물이라고 CNBC가 스탠드 위드 크립토Stand With Crypto 자료를 인용해 보도했다. 트럼프, 일론 머스크 등 이미 가상자산 도입에 찬성 입장을 밝힌 인물 이외에 트럼프 2기 내각에서 재무장관으로 지명받은 스콧 베센트, 신임 SEC 의장 지명자인 폴 엣킨스, 그리고 백악관 내 AI 및 가상자산

차르로 임명된 데이비드 색스 등은 트럼프의 친가상자산 정책을 실행할 인물들이다.

가상자산 거래소에 상장되어 있는 대형 가상자산들이 법적으로 줄소송을 당하는 이유는 그것들이 순수한 가상자산이 아닌 증권 성격을 지닌 금융 상품이라는 것이 기존 SEC 입장이었다. 예를 들면 국내외 환전 및 송금의 프로토콜 역할을 하는 리플XRP, 스마트컨트랙트 기능을 포함한 레이어1을 제공하여 레이어2를 지원하거나 타 블록체인 시스템을 구축하는 인프라 역할을 하고, 가스비gas fee라는 명목으로 대가를 수취하는 이더리움ETH 등은 증권법을 적용받아야 한다는 논리였다.

리플은 약 6년여 동안 소송 중이며, 이더리움은 현물 ETF 승인을 받을 당시 증권성 여부로 오랜 기간 승인이 보류되기도 했다. 이제 트럼프 2.0 시대에서 리플과 SEC 간 소송이 SEC의 취하로 막을 내릴 것으로 기대하며, 가상자산에 대한 규제 철폐 등으로 가상자산 사업에 대한 전망은 매우 밝은 편이다.[23]

가상자산은 주식시장에 상장된 개별 종목처럼 해당 사업의 밸류에이션을 계산할 수 없다. 왜냐하면 그것을 구성하는 단체의 사업 구조에 기반한 밸류에이션이 아닌, 가상자산 거래소에서의 공급과

---

23 그러나 2025년 1월 테라-루나 사태로 장기간 도피 중이었던 권도형 전 테라폼렙스 대표가 미국으로 송환되면서 향후 벌어질 재판에서 알고리즘 스테이블코인인 테라-루나가 고객에게 수익을 대가로 투자를 권유했다는 전형적인 증권 성격을 지니고 있는지에 대한 판결이 탈증권으로 가상자산을 인정할 것이라는 시장 전망의 '강력한' 반대 논리로 작용할 수 있다.

수요(수급)에 의해 전적으로 결정되는 시장 구조 때문이다(가상자산 사업의 수익 구조를 통해 가상자산 적정 가격을 찾아내고 싶은 것이 필자의 '학문적' 소망이다). 수급과 관련한 밸류에이션 기법 중 가장 보편적으로 사용하고 있는 것은 상승(또는 하락)기에 비트코인과 비트코인 이외의 알트코인 간 시가총액 비중의 변화에 따라 상품을 선택하는 방법이 있다. 편의상 '상대비중 전략'이라고 하자.

트럼프 당선 이후 분명 가상자산 가격은 상승 모멘텀을 타고 있다(그림 3-23). 이러한 상승 기류 속에 비트코인이 글로벌 거래소에서 거래되고 있는 총가상자산의 시가총액 대비 어느 정도의 비중을 차지하고 있는지를 나타내는 '비트코인 도미넌스Bitcoin Dominance' 추이 (그림 3-24)와 알트코인 시즌 지수(그림 3-25)를 통해서 현재 어느 가상자산에 자금이 쏠려 있는지 파악하고, 비중이 낮은 가상자산 쪽에 투자를 늘리는 방법이 '상대비중' 전략이다.

[그림 3-24] 비트코인 도미넌스 추이(2020. 1~2025. 1)

(출처) TradingView (https://kr.tradingview.com/chart/?symbol=CRYPTOCAP%3ABTC.D)

[그림 3-25] CMC 알트코인 시즌 지수(2024. 10~2025. 1)

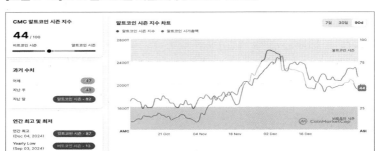

(출처) 코인마켓캡 (https://coinmarketcap.com/ko/charts/altcoin-season-index/, 2025. 1. 8 현재)

    알트코인 시즌 지수는 최근 90일 동안 비트코인 대비 상위 100 개 알트코인 성과를 기반으로 가상자산 시장이 알트코인 시즌인지 비트코인 시즌인지를 판가름하는 지표이다. 상대비중 전략에 따르면 알트코인 시즌에 접어들었다면 비트코인을 매수하고, 비트코인 시즌이라면 알트코인(필자는 이더리움, 리플, 솔라나 등 대형 알트코인을 선호한다)을 매수하는 전략을 짠다.

    글로벌 금융시장에서 가상자산을 기초로 한 ETF는 비트코인 및 이더리움 현물이나 선물에 한해 존재하며, 트럼프 2.0 시대에서는 현재 SEC에서 검토하고 있는 솔라나와 리플 기반의 ETF도 출시할 것으로 기대하고 있다. 가상자산을 기반으로 한 금융 상품이 출시한다는 것은 가상자산 투자가 정식으로 제도권 내에서 투자자 보호를 위한 법적·제도적 장치를 완비한다는 의미이다. 앞으로 대기하고 있는 대형 가상자산을 기초로 한 금융 상품, 부동산, 국채 등의 실물을 운용사가 펀드에 편입하여 펀드를 토큰화하는 등 가상자산이 앞으로 금융시장에서 차지하는 비중이 점점 커질 것으로 기대한다.

2025년 1월 현재, 국내 증권사를 통해 거래할 수 있는 비트코인 및 이더리움 기반 ETF는 선물을 기초로 한 상품만 가능하다. 2024년 1월 미국 SEC가 비트코인 현물을 기반으로 한 ETF 출시를 허용했으나, 금융위원회에서는 이들 상품이 자본시장법 위반 소지 등 문제가 있어 매매를 허용할 수 없다는 입장을 내놓았기 때문이다(금융위원회, "미 비트코인 현물 ETF 관련", 보도자료, 2024. 1. 12).[24] 따라서 투자 현실을 감안해서 국내에서 거래할 수 있는 가상자산 ETF에 한하여 소개하고 있다는 점을 미리 말하고자 한다.

---

24 자본시장법 제4조 제10항 기초자산 종류는 금융 투자 상품, 통화, 일반상품, 신용위험, 그리고 '그 밖에 자연적·환경적·경제적 현상 등에 속하는 위험으로서 합리적이고 적정한 방법에 의하여 가격·이자율·지표·단위의 산출이나 평가가 가능한 것(이하 '포괄적 기초자산')'으로 정의하고 있다. 비트코인 및 이더리움 선물(Futures)의 경우 선물이 금융 투자 상품의 파생상품으로 분류되므로 ETF 상품으로 매매를 허용하지만, 비트코인 현물은 이 법의 기초자산 종류에 명확히 포함되는 항목이 없어 ETF 상품 매매를 불허했다는 설이 유력하다. 다만 자본시장법은 빠르게 발전하는 금융시장을 효율적으로 규제함과 동시에 능동적이고 창의적인 금융상품 출시 등을 장려하기 위해 우리나라의 법률의 근간인 열거주의가 아니라 포괄주의를 채택하고 있다. 따라서 일부에서는 포괄적 기초자산 범주에 비트코인 등 가상자산을 포함해야 하며 이를 포함함으로써 가상자산을 자본시장법 내에서 규율하고 투명성을 제고할 수 있다는 의견도 있다. 필자는 비트코인 등 가상자산을 포괄적 기초자산 범주에 넣는 의견에 전적으로 동의한다.

'여기서 잠깐'

가상자산 현물 ETF가 선물 ETF 대비 투자자에게 유리한 이유는?

정답은 선물 ETF를 운용할 때 비용이 더 많이 소요된다는 점 때문이다. 사실 비트코인이나 이더리움 선물은 현물에서 나온 파생상품이며, 본질적으로 이들 현물과 선물은 같은 존재다. 그런데 현물과 달리 선물은 만기가 존재한다. 비트코인과 이더리움의 경우 1개월 단위로 선물 만기가 존재한다. 즉 선물 만기 시 기초자산인 현물을 반드시 매매해야 한다. 이것을 청산이라고 한다.

비트코인, 이더리움 현물을 기반으로 한 ETF라면 운용사가 별다른 조치 없이 시장에 따라 보유자산 비중을 조절하면 된다. 그런데 선물의 경우 운용사는 만기 이전에 보유 중인 선물을 매도하고, 바로 다음 번 만기의 선물을 매입한다. 이것을 롤오버Rollover라고 한다.

비트코인 선물 ETF인 BITU의 사례로 이를 설명해 보겠다. BITU의 보유자산은 [그림 3-26]과 같이 비트코인 선물 1월 만기물이 약 96%를 차지하고 있다(4%는 해당 인덱스를 추종하는 총수익 스와프 거래 포지션을 가지고 있지만, 여기서는 생략한다).

[그림 3-26] BITU 보유자산 현황(2025. 1. 7 현재)

Holdings as of 1/07/2025

Weight	Ticker	Description	Exposure Value (Notional + GL)	Market Value	Shares/Contracts	SEDOL Number
96.00%		CME BITCOIN FUT DIGITAL ASSETS 31/JAN/2025 BTCF5 CURNCY	2,307,838,325	--	4,769	--
4.02%		S&P CME BITCOIN FUTURES DAILY ROLL INDEX SWAP SOCIETE GENERALE	96,640,405	--	219,179	--
--		TREASURY BILL	--	$1,395,237,956.00	1,400,000,000	BRJGTR7
--		NET OTHER ASSETS (LIABILITIES)	--	$1,008,751,431.00	1,008,751,431	

(출처) 프로쉐어즈

보유한 선물이 만기가 도래함에 따라 운용사가 현재 1월물을 매도하고 2월물을 매수한다고 가정하자. 현재 비트코인 선물의 만기별 가격은 [그림 3-27]과 같다.

[그림 3-27] 만기별 비트코인 선물 가격(2025. 1. 7 현재)

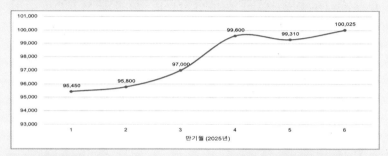

(출처) 시카고 상품거래소

1월물 가격은 9만 5,450달러/BTC, 2월물 가격은 9만 5,800달러/BTC로 1월물을 매도하고 2월물을 매수할 경우 운용사는 350달러/BTC만큼 손실을 본다. [그림 3-26]의 보유내역에서 운용사는 총 4,769계약의 선물을 보유하고 있고 1계약은 5BTC 크기로 정의되어 있음을 감안할 때, 롤오버(1월물 매도 & 2월물 매수) 시 운용사는 총 834만 5,750달러(= 350달러/BTC×5BTC×4,769계약)의 손실(또는 비용)을 감수해야 한다. 이것이 그대로 투자자들에게 전가된다. 따라서 2025년 1월 현재, 2배 이상의 레버리지 상품이 아니라면 가상자산 현물 ETF가 선물 ETF보다 투자 상품으로 더 유리하다고 할 수 있다.

BITX, ETHU 분석

상품 개요

이 상품들은 Corpus Partners LLC의 ETF 브랜드사인 Volatility Shares의 비트코인 및 이더리움 선물을 기반으로 한 ETF이다.[25] 사실 비트코인, 이더리움 등의 현물자산은 가상자산 거래소에서 손쉽게 매매할 수 있다는 점을 감안하여 여기에서는 레버리지(2배) 상품을 소개하고자 한다.

[표 3-45] 상품 주요 내용

티커명	운용사	출시일	시가총액(USD)	수수료(%)	벤치마크
BITX	Proshares	2023. 6. 27	36억 8,000만 (5조 5,000억 원)	1.90	–
ETHU	Corpus	2024. 6. 4	10억 4,000만 (1조 6,000억 원)	0.94	–

수익률 분석

[그림 3-28]과 [그림 3-29]는 2024년 중 BITX와 ETHU의 가격 흐

---

25 국내 가상자산 투자자들은 가상자산 거래소에서 직접 거래하면 수수료도 적게 들고 거래 편의도 훨씬 수월한데 높은 비용을 들여가며 ETF에 투자하느냐고 반문할 수 있다. 충분히 이해가 간다. 그런데 가상자산 현물을 직접 가상자산 거래소에서 거래하는 것과 ETF를 나스닥 등 주식거래소에서 거래하는 것은 투자자 보호 측면에서 차이가 있다. 가상자산 거래소에서 거래할 경우 사기 등의 이유로 가상자산 가격이 급락, 상장폐지가 되는 경우 관련 법률상 투자자 보호장치가 여전히 준비가 되어 있지 않다. 반면 자본시장법에 의해 규제되는 금융 상품인 ETF는 동일한 문제가 발생 시 정해져 있는 법적 절차에 따라 문제를 제기할 수 있다.

름이다. 7월 이후부터는 트럼프와 해리스 여론조사 결과에 따라 가격의 등락(트럼프 우세 시 강세, 해리스 우세 시 약세)을 보이다가 트럼프 당선이 확정된 11월부터 강세를 보이고 있다. 참고로 2024년 배당을 감안한 연간 수익률은 BITX가 174.1%이다.

[그림 3-28] 가격 흐름(2024.1 ~ 2025.1)**: BITX**

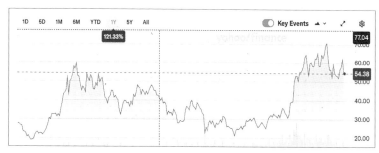

(출처) yahoo! finance

[그림 3-29] 가격 흐름(2024.6 ~ 2025.1)**: ETHU**

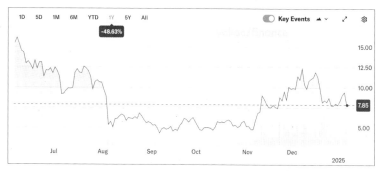

(출처) yahoo! finance

유사 ETF 연도별(2020~2024) 실적 및 전망

가상자산의 성패는 트럼프 2기 가상자산 정책이 구체적으로 어떻게 실행되는지에 달렸다. 트럼프가 2024년 7월 비트코인 컨퍼런스에서 2기 정부 가상자산 청사진을 그리고, 11월 당선 후 친가상자산 정책 실행에 대한 기대감으로 가격이 상승했다. 앞으로는 실행 여부가 중요하다. 즉 연방정부 차원에서 비트코인 매집에 나설 것인가, 그리고 가상자산이 증권법 대상에서 완전히 제외되는 규제 프리가 가능할 것인가 등의 실행이다.

가상자산 관련 ETF는 꼭 비트코인, 이더리움만 있는 것이 아니다. 가상자산 거래소인 코인베이스, 비트코인 대량 매입으로 유명

[표 3-46] 유사 ETF 개요 및 실적[단위: USD억]

티커	운용사	구분	시가총액	수수료	수익률 (%)				
					2020	2021	2022	2023	2024
BITO	Proshares	BTC 1배	25.5	0.95	–	–	–63.9	165.2	166.0
BITU		BTC 2배	13.1	0.95	–	–	–	–	–
ETHT		ETH 2배	2.5	0.94	–	–	–	–	–
DAPP	VANECK	주식	2.2	0.51	–	–	–12.7	285.0	44.9
BITQ	BITWISE	주식	2.1	0.85	–	–	–64.1	248.4	47.9
BKCH	미래 (GLOBAL X)	주식	1.9	0.50	–	–	–83.7	269.6	26.4
FDIG	피델리티	주식	1.8	0.40	–	–	–ˉ	166.2	19.6

(출처) Bloomberg 재편집 (배당수익 포함)

한 마이크로스트래티지 등의 주식을 매입함으로써 가상자산 등락의 효과를 얻는 (가상자산 가격 흐름과 상관관계가 높으면서도 변동성이 작다는 장점이 있음) ETF도 추천한다. [표 3-46]은 유사 ETF 개요, [그림 3-30]은 가상자산 관련 주식형 ETF 보유 종목(상위 5개 사) 현황이다.

[그림 3-30] 주식형 ETF 내 보유 종목 비중

VanEck Digital Transformation ETF(DAPP)

심볼	회사	자산 %
COIN	코인베이스글로벌	7.86%
SQ	블록	7.52%
MSTR	마이크로스트래티지 인코퍼레이티드	7.10%
CORZ	코어사이언티픽	6.33%
BTDR	빗디어테크놀로지스 그룹	6.07%

Bitwise Crypto Industry Innovators ETF(BITQ)

심볼	회사	자산 %
MSTR	마이크로스트래티지 인코퍼레이티드	9.56%
COIN	코인베이스글로벌	9.43%
MARA	MARA홀딩스	8.28%
NB2.MU	노던비트코인AG	6.09%
CORZ	코어사이언티픽	4.85%

Global X Blockchain ETF(BKCH)

심볼	회사	자산 %
COIN	코인베이스글로벌	12.67%
CORZ	코어사이언티픽	11.00%
MARA	MARA홀딩스	10.29%
RIOT	라이엇플랫폼	8.31%
HUT	HUT8 그룹	5.38%

Fidelity Crypto Industry and Digital Payments ETF(FDIG)

심볼	회사	자산 %
COIN	코인베이스글로벌	11.62%
MARA	MARA홀딩스	6.23%
RIOT	라이엇플랫폼	3.93%
CLSK	클린스파크	3.71%
SQ	블록	3.67%

(출처) yahoo! finance

Chapter 4

달러와 금 ETF

달러와 금 기반 ETF

UUP, GLD

(Invesco DB US Dollar Index Bullish Fund), (SPDR Gold Shares)

지금까지는 트럼프 대통령이 그의 1기 집권 시기, 그리고 2024년 대선 공약을 충실하게 이행하고 이에 따라 경기 사이클이 확장 국면을 유지한다는 전제에서 여러 ETF 상품을 소개했다. 그러나 이 글을 쓰고 있는 2025년 1월 9일, 트럼프가 제47대 대통령으로 취임하기 11일 전인 현재, 그의 급진적이고 갈등을 부추기는 정책 및 발언들이 나오면서 시장 우려를 자아내고 있다.

PART 2에서 그의 2기 정부에서 핵심 정책으로 꼽는 관세에 대해, 중국과 같은 적국뿐만 아니라 한국, 일본 등 우방국에게도 보편적 관세를 부과하기 위한 '국가 경제 비상사태' 선언을 검토한다는 뉴스, 덴마크 자치령인 그린란드 및 파나마 운하 운영권을 되찾기 위해 군대를 파병할 수도 있다는 말을 서슴지 않는다. 그리고 그의 소위 '마가MAGA, Make America Great Again' 지지자들이 강력하게 주장하고 있는 불법 이민자 추방 및 해외 고학력자 비자 발급 중단이 실제 실행될지 주목하고 있다. 해외 고학력자 비자 발급은 일론 머스크가 강력하게 확대해야 한다는 입장을 보이고 있어, 향후 트럼프와 일론 머스크 간 잠재적인 갈등의 불씨가 살아 있다. 만약 일론 머스크가 트럼프에 의해 '팽'을 당한다면 그가 추진할 것으로 예상하는 각종 비효율적 예산 낭비 시정, 규제 완화가 물거품으로 돌아갈 수 있다. 트럼프의 친가상자산 정책도 언제 뒤집어질지 모른다. 비트코인을 전략 자산으로 규정하고 정부 차원에서 매입하겠다는 것도 현실성이 낮다는 의견이 있다.[26]

앞서 관세는 물가를 상승시켜 연준 등 중앙은행이 기준금리를 인상, 긴축적인 통화 정책으로 시중의 돈을 흡수한다(금리가 상승하면 시중의 돈이 은행 예금으로 들어가서 이전보다 높은 이자수익을 얻을 수 있다는 논리로 쉽게 생각하면 된다). 관세를 부과하면서도 미국 기업들의 생산성과 수익성이 좋아지려면 관세를 부과당한 국가가 미국에 관세를 부과하지 않는 조건에서 미국 기업들이 관세 부과 제품에 대한 대체재를 공급해야 함을 의미한다. 그런데 이것은 현실 불가능한 이야기다. 상호 관세를 부과함으로써 미국 기업이 해당국에 수

---

26 전략 자산이란, 이 자산의 공급이 중단되었을 때 비상사태를 초래해야 하는 중요 자산을 의미한다. 원유가 대표적이다. 그런데 비트코인 공급이 중단되었을 때 비상사태를 초래할까? 비트코인의 역할은 금, 달러 등 기존의 안전자산들이 행하면 된다(매일경제, '원유 같은 전략적 비축자산?…비트코인 갈길 멀어', 2024. 8. 9, 재편집).

출하는 제품들 또한 관세로 인해 가격 경쟁력을 상실한다. 만약 연준이 기준금리를 인상하게 되면 달러 가치가 상승하게 되면서 미국 기업의 물건도 자연히 비싸지는 역효과를 받는다.

트럼프 1기 때와 미묘한 차이점은 그가 대외적으로 군사적인 강공책을 연일 언급하고 있다는 점이다. 그린란드 매입, 파나마 운하 운영권 회복은 미국과 다른 열강 간의 갈등을 부추기는 상황은 아니지만, 이것이 만약 미국의 의도대로 이루어진다면 미국만 잘살고 주변국들은 못살아도 된다는 '근린 궁핍화' 정책이 트럼프 2기 때의 핵심적인 국가 어젠다로 등장할 것이다.

그리고 필연은 아니나 5년 주기로 오는 전염병으로 예상치 못한 영향을 미칠 수 있다. 2009년 신종플루, 2015년 메르스, 2020년 코로나에 이어 2025년 초 변종 조류독감 전염 가능성이 제기되고 있다. 트럼프는 코로나 팬데믹 당시 제대로 대처하지 못해(코로나 팬데믹 당시 마스크도 필요 없고 백신도 필요 없다는 주장을 일관되게 펼쳐왔다) 바이든 전 대통령에게 2020년 대선에서 패배한 아픔이 있다. 자칫 들이닥칠 수 있는 전염병에 대한 대처를 하지 못하면 2020년 2~3월에 있었던 금융시장에서의 투자자 엑소더스가 발생할 수 있다(트럼프는 공교롭게도 백신 음모론자로 알려진 로버트 F. 케네디 주니어가 주무 부처인 보건복지부 장관에 내정했다).

트럼프의 공약들이 예상과 다른 결과를 보여주거나 공약을 폐기할 경우에 그동안 필자가 추천했던 ETF들의 수익률이 기대보다 훨씬 낮아질 것이다. 결국 안전자산 선호 현상으로 갈 것인데, 이 경우에 달러나 금 ETF에 투자하는 것이 바람직하다. 따라서 앞서 추천한 종목들 총비중의 50% 이내에서 안전자산 상품들을 편입해서 한쪽으로 쏠린 위험을 분산할 필요가 있다.

UUP, GLD 분석

상품 개요

[표 3-47] 상품 주요 내용

티커명	운용사	출시일	시가총액(USD)	수수료(%)	비 고
UUP	인베스코	2007. 2. 20	6억(9,000억 원)	0.77	달러
GLD	스테이트스트리트	2004.11.18	737억 2,000만(110조 원)	0.40	금

수익률 추이(2013.1~2024.12)

달러와 금은 음(-)의 상관관계를 갖는다. 1944년 브레턴우즈에서 달러를 기축통화로 삼기로 합의를 보았을 때 달러와 금 간의 관계를 금 1온스당 35달러로 고정한 금본위제의 성격을 감안하면 쉽게 이해할 수 있다. 금이 비싸지면 달러가 싸지고, 금이 싸지면 달러가 비싸진다. 적어도 2022년까지는 두 자산 간 관계가 대체로 음의 상관관계를 유지하고 있었다.

그런데 2023년부터 달러 가치와 금 가격이 동시에 상승했다.

달러는 미국 홀로 '살림살이'가 좋아진 데다가 연준이 기준금리를 2023년 7월까지 인상하고 상당 기간 유지함으로써 그 가치가 상승했다. 반면 떨어져야 할 금은 2022년 하반기부터 중앙은행 중심으로 금 매입량이 커지면서 지속적으로 상승하는 모습을 보였다. 진짜 전략 자산이 비트코인이 아닌 금이라는 것을 환기라도 시키듯이 말이다.

[그림 3-31]은 2022년 이후 세계 중앙은행들이 매입 및 매도한 금의 양 추이를 보여준 그래프로, 2023년 6월 이후 지속적으로 순수요가 (+)를 유지하고 있음을 알 수 있다.

[그림 3-31] 중앙은행 금 매입/매도 추이(단위: 톤, 2022. 1~ 2024. 11)

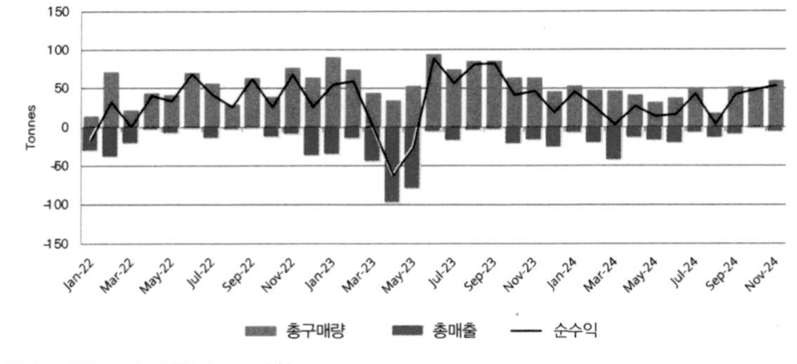

*Data to 30 November 2024 where available.
Source: IMF IFS, respective central banks, World Gold Council

(출처) World Gold Council (https://www.gold.org/goldhub/gold-focus/2025/01/central-bank-gold-statistics-november-2024)

[표 3-48] 연도별 수익률[%]

티커	오바마 2기				트럼프 1기				바이든 1기			
	2013	2014	2015	2016	2017	2018	2019	2020	2021	2022	2023	2024
UUP	−1.3	11.4	7.0	3.2	−9.0	8.3	6.4	−6.7	5.7	10.4	10.4	18.0
GLD	−28.3	−2.2	−10.7	8.0	12.8	−1.9	17.9	24.8	−4.2	−0.8	12.7	26.7

(출처) Bloomberg (배당수익 포함)

유사 ETF 연도별 실적(2020 ~ 2024)

[표 3-49] 유사 ETF 개요 및 실적

티커	운용사	구분	시가총액	수수료	수익률 (%)				
					2020	2021	2022	2023	2024
IAU	블랙록	금	332.9	0.25	25.0	−4.0	−0.6	12.8	26.9
GLDM	스테이트스트리트		93.3	0.10	25.1	−4.0	−0.5	13.0	27.1
SGOL	에버딘		37.9	0.17	25.0	−3.9	−0.5	13.0	26.9
IAUM	블랙록		13.8	0.09	−	−	−0.5	13.1	27.0
OUNZ	VanEck		12.0	0.25	24.7	−4.0	−0.5	12.8	26.8
AAAU	골드만삭스		9.0	0.18	25.0	−4.0	−0.5	13.0	26.9
BAR	GRANITE SHARES		8.5	0.17	25.0	−3.9	−0.6	13.0	27.0
UGL	프로셰어스 (2배)		2.9	0.95	39.0	−12.3	−7.6	15.6	46.4
USDU	위즈덤트리	달러	3.3	0.50	−4.6	4.1	16.3	10.4	18.5

(출처) Bloomberg 재편집 (배당수익 포함)

국내 상장 ETF

국내 거래소 상장 주요 금 ETF는 [표 3-50]과 같다. 한국투자자산
운용이 운용하는 ACE KRX 금 현물 ETF는 금 현물을 직접 매입하

여 관리하며 원/달러 헤지 없는 상품이다. 반면 삼성자산운용이 운용하는 KODEX 골드선물 및 미래에셋자산운용 상품인 TIGER 골드선물의 경우, 금 선물을 운용하므로 선물 만기 도래에 가까워지면 롤오버를 해야 하는데 [그림 3-32]와 같이 만기가 뒤로 갈수록 금 선물 가격이 비싸지므로 롤오버 실행 시 손실을 입게 된다. 또한 원/달러 환 헤지를 통해 환 변동에 따른 손익 변동성을 없애기 위해 노력하는 상품이다. 수익률 계산 시 환 헤지에 따른 비용도 감안해야 한다.

[표 3-50] 국내 상장 금융 ETF 현황(2024년 12월 말 기준)

종목코드	종목명	운용사	시가총액 (억 원)	수수료 (%)	벤치마크
411060	ACE KRX금현물	한국	6,228	0.62	KRX금현물지수
132030	KODEX 골드선물(H)	삼성	1,750	0.73	S&P GSCI
319640	TIGER 골드선물(H)	미래	560	0.45	Gold Index

(출처) 한국거래소 정보데이터시스템

[그림 3-32] 만기별 금 선물 시세(2025. 1. 8 기준)

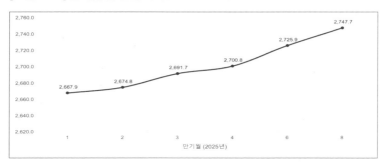

(출처) 시카고 상품거래소

[표 3-51] 국내 ETF 수익률[%, 2017 ~ 2024]

종목코드	운용사	2017	2018	2019	2020	2021	2022	2023	2024
411060	한국	–	–	–	–	–	−0.9	23.3	47.2
132030	삼성	10.3	−3.5	15.6	19.6	−6.1	−1.6	10.6	20.6
319640	미래	–	–	–	19.4	−5.6	−1.4	10.2	20.8

(출처) FUNETF (https://www.funetf.co.kr/) (배당수익 포함)

따라서 금 가격 상승 구간인 2023년, 2024년 중 원/달러 환율 상승 및 금 선물 ETF의 롤오버 및 환 헤지 비용 등으로 ACE KRX 금 현물 수익률이 금 선물 ETF 대비 2배 이상 높은 수익률을 시현했다.

"다시 올라가기 위해 떨어진다"

이 책은 트럼프 2.0 시대를 맞이하여 트럼프 1기, 2024년 트럼프 공약, 그리고 트럼프 개인의 성향을 감안하여 그가 약속한 감세, 관세, 그리고 친가상자산 정책 등을 이행할 것이라는 가정하에서 필자가 유망하다고 생각하는 ETF를 추천하는 내용을 담고 있다.

항상 예상대로 세상이 흘러간다면 투자할 때마다 돈을 쓸어 담을 것이다. 투자가 어려운 이유는 '만약 내가 예상한 바와 다른 방향으로 흘러간다면 내가 투자한 상품들은 어떻게 움직일까'라는 플랜 B를 세워야 하기 때문이다. 필자는 금융권에서 20년 넘게 금융시장의 움직임을 관찰하고 조 단위의 자금을 운용했다. 그런데 투자와 관련하여 사실 필자가 예상한 것 중 맞은 것은 50%가 채 안 되는 것 같다. 그럼에도 불구하고 오랜 기간 해외채권 운용역으로 살아남을 수 있었던 이유는 크게 두 가지가 있다고 자평한다.

첫째, 내 예상과 다른 방향으로 시장이 움직일 때를 잘 대비한 것

192

같다. 아무리 전망이 밝아도 비중을 무조건 늘리지 않는다. 아무리 비트코인 전망이 좋더라도 내 자금의 100%를 넣는다고 가정하자. 물론 전망이 밝을 것이라는 예상이 맞으면 대박이다. 그러나 물가가 상승해서 연준이 기준금리를 올리고 시장의 유동성이 줄어든다면 비트코인 가격은 하락할 것이고, 그야말로 나는 쪽박 차는 상황이 벌어질 수 있다. 따라서 비트코인 비중의 상한(예를 들면 20%)을 정하고 그 이상은 투자하지 않는다. 오히려 금리가 상승했을 때 안정적인 수익을 얻을 수 있는 변동금리부 대출 상품이나 단기 하이일드 채권 ETF, 또는 달러 자산을 매입하는 것도 고려해야 한다는 것이다.

둘째, 어느 정도의 손실은 충분히 감내할 만한 멘털을 가지고 있었다. 투자는 일희일비하면 안 된다. 필자 주변에도 가격이 오르면 기뻐서 어쩔 줄 몰라 하다가 가격이 떨어져서 손실을 보게 되면 정말 나라 잃은 표정으로 멍하니 단말기를 쳐다보거나, 다른 동료들에게 쓸데없는 화를 내는 경우를 적잖게 겪었다. 필자가 운용했던 포트폴리오 99% 이상이 파산 가능성이 거의 없었던 투자등급 이상의 회사채였던 점을 감안하면 '만기 돌아와서 원금 받으면 되지, 금리가 상승해서 까먹는 채권 가격에 민감하게 굴지 말자'라고 몇 번이고 되뇌었다. 그것이 냉정함과 침착함 속에 자금을 운용하여 결국 수익을 얻을 수 있게 하는 원동력이었다.

투자는 최소 몇 개월 이상을 바라보고 하는 것이다. 나만의 목표 만기를 정해 놓고 그 기간 중 일어나는 손익에 대해서는 일희일비 하지 말자. 그리고 손실이 일어나더라도 〈배트맨 비긴즈〉에 나온 베트맨과 브루스의 대화를 보며 마음을 다잡자.

"브루스, 우리는 왜 떨어지는 줄 아니? 우리 스스로 다시 올라가는 법을 배울 수 있기 때문이야Why do we fall Bruce? So that we can learn to pick ourselves up."

INVEST IN
TRUMP

트럼프 2.0 시대
미국 ETF에 투자하라

초판 1쇄 인쇄 2025년 2월 12일
초판 1쇄 발행 2025년 3월 7일

지은이 신년기
펴낸이 임충진
펴낸곳 지음미디어

편집 정은아
디자인 이창욱

출판등록 제2017-000196호
전화 070-8098-6197
팩스 0504-070-6845
이메일 ziummedia7@naver.com

ISBN 979-11-93780-13-8 03320
값 17,000원

ⓒ 신년기